书山有路勤为径,优质资源伴你行
注册世纪波学院会员,享精品图书增值服务

创新者精神
INNOPRENEURSHIP

陈 劲　[新加坡]陈家赐（KC Chan）著

电子工业出版社
Publishing House of Electronics Industry
北京·BEIJING

未经许可，不得以任何方式复制或抄袭本书之部分或全部内容。
版权所有，盗版必究。

版权贸易合同登记号　图字：01-2024-6194

图书在版编目（CIP）数据

创新者精神 / 陈劲, (新加坡) 陈家赐著. -- 北京：电子工业出版社, 2025.3 (2025.8 重印). -- ISBN 978-7-121-49517-5

Ⅰ. F273.1

中国国家版本馆 CIP 数据核字第 2025KX2180 号

责任编辑：刘　琳
印　　刷：河北虎彩印刷有限公司
装　　订：河北虎彩印刷有限公司
出版发行：电子工业出版社
　　　　　北京市海淀区万寿路 173 信箱　邮编：100036
开　　本：720×1000　1/16　印张：10.25　字数：164 千字
版　　次：2025 年 3 月第 1 版
印　　次：2025 年 8 月第 2 次印刷
定　　价：69.00 元

凡所购买电子工业出版社图书有缺损问题，请向购买书店调换。若书店售缺，请与本社发行部联系，联系及邮购电话：（010）88254888，88258888。
质量投诉请发邮件至 zlts@phei.com.cn，盗版侵权举报请发邮件至 dbqq@phei.com.cn。
本书咨询联系方式：（010）88254199，sjb@phei.com.cn。

献给属于创新者们的世界，

　　我们无法改变世界，

但是我们可以改变人们的思维方式。

——本书作者

推荐序

作者们推崇已故"现代管理之父"彼得·德鲁克在其著作中提出的观点:"管理、领导力和企业家精神就像同一个身体的鼻子、耳朵和嘴巴。"然而,要在21世纪激烈的竞争中立于不败之地,在人工智能(Artificial Intelligence,AI)生态系统时代追求数字化业务转型,这种方法是不够的。

在当今要求不断变化、技术创新的时代,商业格局由思想的不断演变所塑造,这要求创造力和企业家精神加速融合。正是在这一背景下,陈劲教授和来自新加坡的实践教授陈家赐先生提出了"创新者精神"的概念,用于指导创新型组织和个人的发展。

值得注意的是,组织将在组织发展的五个计划变革阶段中达到其能力成熟度的巅峰。从临时到计划、管理、整合和最后优化的绩效。转型速度必须与其连贯战略的动力(速度×战略)协同工作,从而增强管理、领导力、企业家精神、由战略创业精神引导的创新者精神。同时,重要的是,工匠精神也是其中的内涵。

在AI时代,数字化业务转型将产生影响,管理和企业家精神对成熟组织的最佳绩效的影响将不那么重要。而整体创新者精神管理——包括战略(战略创业)、全面、协同和开放创新——对于建设高绩效文化以实现最佳绩效至关重要。

面对动荡、不确定、复杂和模糊(VUCA)的商业环境,我们需要加速行动学习,以弥合知识和行动之间的差距(学习>生态系统的变化率)。在新闻中,我们看到新兴市场和发达市场如何不断成为头条,新品牌领导者和创新者成功地从全球现有企业手中夺取市场份额。创新者精神应该渗透到整个组织,以保持相关性（对于其产品和服务）并具有弹性以应对前所未有的竞争。创新者是每一个人。创新者精神是每个员工都需具备的重要素养。

当环境不断变化时，传统的领导力、企业家精神和管理方法都需要改变。

全脑思维，又称全方位整合式思维，作为个人、团队和企业层面的一种方法和思维方式，对于建立和保持竞争优势至关重要。我们需要设计和部署新的利益相关者价值管理规则，利用完整/整体的而不是零碎的方法，这对成功至关重要。本书深入探讨了现有和未来的创新者如何通过影响利益相关者、通过创新者精神达到更高的高度来实现他们的愿望——结合管理、领导力和企业家精神甚至工匠精神的精髓，以达到最佳的创新表现。

本书将西方和东方哲学结合起来，提倡一种普遍而原始的创新者精神，值得广大企业家、创客和科技主管认真关注。

中国工程院院士、浙江大学教授

许庆瑞

2024 年 5 月 1 日

创新者精神的路线图

认知——什么是创新者?

我知道内部企业家、企业家、创新者,他们的精神之间的区别。

对齐——为什么创新者至关重要?

我了解创新者是一个个体,创新者精神是一个过程。

行动——如何培养创新者精神?

我也可以通过培养创新者精神来成为一名成功的创新者。

实施——谁是真正的创新者?

我深信,在数字化时代,科技统治着世界,创业家精神需要转变为创新者精神,以做到与时俱进,并获得可持续的竞争优势。

巩固——我们在什么时候应培养创新者精神?

我意识到,任何无法衡量的事情都是难以管理和控制的。创新的结果是让产品、服务和解决方案变得更快(加快交付速度和实现交付承诺)、更好(交付质量更高)和更智能(成本更低和灵活性更强)。

预测——创新者精神在哪方面最有效?

为了培养创新者精神,我需要整体思维以明晰规划思路,系统思维以有效监控,批判性思维以有效决策。为了持续改进,我需要考虑机遇和威胁,事实和趋势,创造和创新产品、服务和解决方案,以做到与时俱进并保持竞争力。通过专注于愿景、使命和核心价值观来做出承诺。可以肯定的是,我还需要运用横向思维,即六项思考帽,进行有效的移情分析。这些思维技能将使创新者能够灵活运用全方位整合式思维（全脑思维），从而得以加速学习。

结　　语

要实现从个体（创新者）的增值到在过程中创造业务价值（创新者精神）的转变，就要将传统的经理人转变为"具备全方位整合式思维的人力资本"。他要具备整合资源的专家能力，令高绩效团队成功实施项目的沟通能力及适应能力，他可以通过六个不同的视角来驱动项目持续改进和创新，以替代当前的产品、服务和解决方案，从而实现更快、更好、更智能的交付结果，以及更高的绩效，满足利益相关者的期望。

引　言

本书是从"行动学习之父"雷格·瑞文斯（Reg Revans）（1976）最初提出的行动学习概念发展而来的。

这一概念后来被美国的迈克尔·马奎特（Michael J. Marquardt）（2004）采纳和扩展，并被新加坡的陈家赐教授（2009）进一步强化。面向创新者的全方位整合式思维，结合了以上概念，后来陈家赐教授与陈劲教授合作，形成了革命性的新概念——创新者精神（2023），为日益创新的商业和社会中的创新人才提供一个更高效的卓越素养。

本书是融合学术研究者和实践者的角度而成的，旨在弥合知识（或理论）与实践之间的差距，从而使其易于理解和执行。它提供了简单但实用的工具，可以帮助读者或崭露头角的创新者发展四种思维技能，这些技能对于将加速学习发展为可持续的竞争优势至关重要。用瑞文斯（1976）的话说："学习必须赶上或快于商业环境的变化速度。"本书也适合企业家，以及任何有热情和勇气在这高回报但充满挑战的世界中冒险的人。

如果没有应用理论、概念和相关模型，我们最多只能获得短暂的成功，而无法实现可持续的、可预测的和可重复的成功。因此，除非可以实现泰坦尼克式的倍增效应，将经验和能力转化为共享知识，否则这些经验和能力将不属于创新者。这正是Tichy（2007）所提出的"知晓—实践—传授—指导"循环。最终将作为组织文化持续存在的是创新者精神，而不是创新者或企业家个体。

因此，本书的战略意图是为现实世界中技术创业家精神的发展和进步奠定基础，并进一步将其发展为创新者精神。千里之行，始于足下。迄今为止，大多数管理思想和概念都起源于西方。从21世纪开始，创新者精神的研究已转移到东方，如今，我们面向人类更高的文明发展，由两位华人——陈劲教授和陈家赐教授提出崭新的创新者精神思想。

学习能力不能从单一来源获得。创造性和创新性学习是不同思维技能和思想流派的融合，这对于创新过时的理论和替代过时的最佳实践方法至关重要。为了在创新和创新思维技能方面取得突破性进展和蓬勃的发展，我们需要"从框内到框外，最终达到破框"的思考。横向思维可确保我们进行移情分析，并通过学习—放下—再学习的严谨周期，达到加速学习的效果（Mezirow & Taylor, 2009）。

在过去30年追求创新者精神的卓越成就中，我们吸取的教训是："没有一种最佳方法，但总有一种更好的方法。"激情往往涌现于取得成功、扩大规模、令成功得以持续，并透过分享成功（投身慈善事业，也被称为社会创新者精神或创新者的共同价值）来产生重大的影响的过程（Porter & Kramer, 2011）。

本书还深入探讨了全方位整合式思维可应用于培养创新者精神的五个原因，以明确其显著的优势。

全方位整合式思维的五个为什么

1. 为什么全方位整合式思维极为重要

实践证明，全脑思维（同时利用右脑和左脑）是指利用四种思维技能——整体思维、系统思维、批判性思维和横向思维（融合为全方位整合式思维），它是解决复杂问题的最有效技能之一。全方位整合式思维模型如图0-1所示。

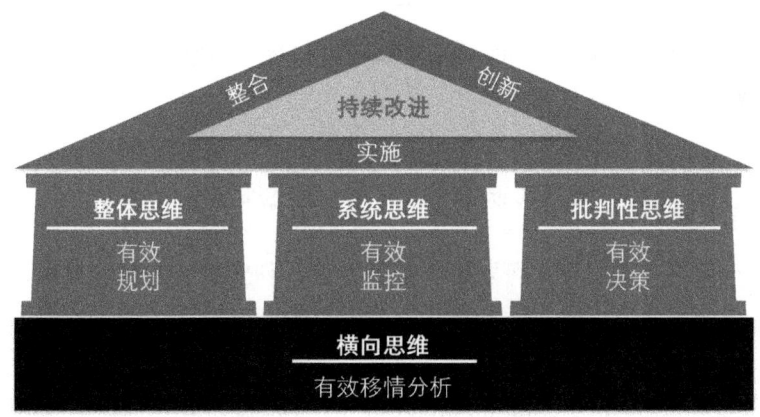

图0-1 全方位整合式思维模型

2. 为什么这四种思维技能至关重要

四种思维技能的作用如图0-2所示。

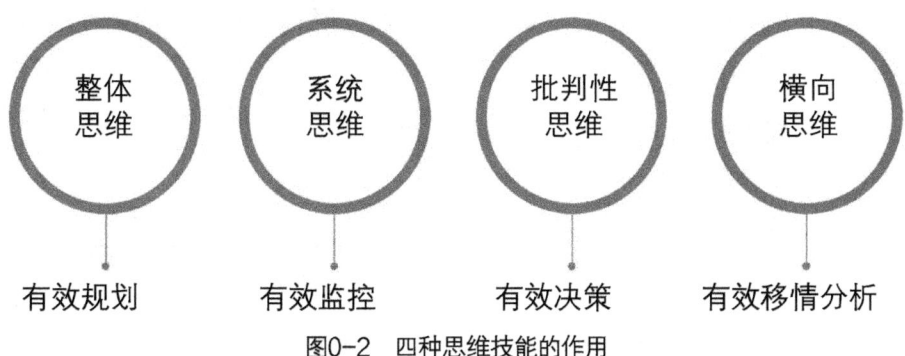

图0-2 四种思维技能的作用

3. 为什么横向思维（六顶思考帽）为全方位整合式思维奠定了基础

横向思维可用于获取正确的信息，从正确的角度进行观察，以及从利益相关者方面获得正确的期望，这些都是进行有效移情分析的重要技巧。

4. 为什么全方位整合式思维是真正高质量的顶尖思维能力

Kanter（1997）提出，具有世界一流绩效的组织，其管理者往往具有三个不同的关键属性，即正确的概念、正确的能力和正确的连接。全方位整合式思维强调了这三个关键属性，以培养具有全面能力的经理人。简而言之，具有全方位整合式思维的管理者和领导者可以帮助组织获得卓越的执行绩效，使其能在VUCA商业环境中生存。

5. 为什么全方位整合式思维符合世界一流的加速学习范式

世界一流的高效经理人可以是一位创新者、创业者或内部企业家（而不是公司的真正拥有者）。在这些情况下，至关重要的是，此人必须具备机敏的心智和保持领先的决心，从而使其组织做到与时俱进和在竞争中处于领先地位，同时满足以下四个相互关联并相互促进的要素，如图0-3所示。

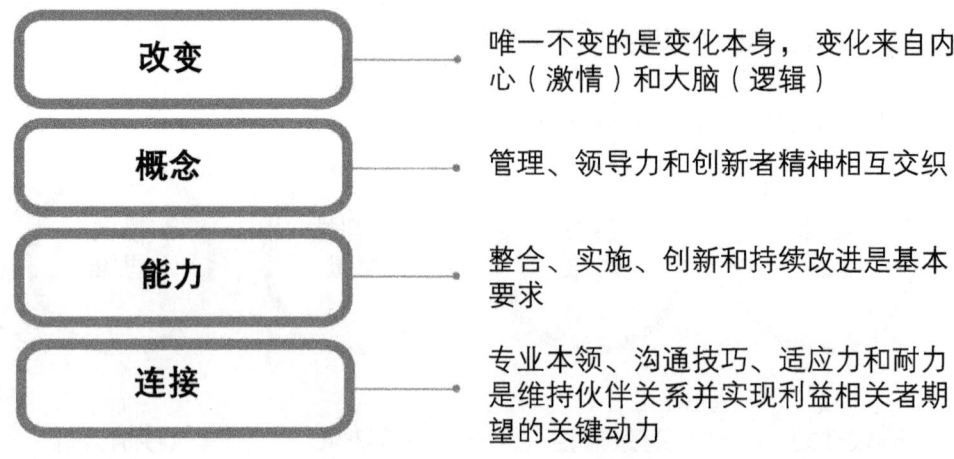

图0-3　世界一流的高效经理人须满足的四个要素

本书的目的是强调基于项目的加速行动学习©（边做边学）以应对不断变化的国家、区域、国际和全球的VUCA商业环境（Chan，2017），并为当前和未来的创新者做好准备，以应对工业4.0—5.0的时代浪潮。

工业4.0—5.0与全方位整合式思维有何关联

作者认为，从工业1.0到工业4.0的演进如下：

- **工业1.0**：借助蒸汽动力引入机械化。让人类克服体力劳动的局限性。
- **工业2.0**：借助电能引入大批量生产。允许人类将各种形式的能量转换为电能，以便所有设备都可以通过统一且集中产生的电能实现自动化。
- **工业3.0**：通过引入计算机和可编程机械来进一步实现自动化，控制设备和系统。允许人类将所有信息转换为可以由计算机处理的数字信息，从而实现由计算机控制的高度灵活的系统。
- **工业4.0**：通过使用网络实体系统——信息技术（Information Technology，IT）系统及其控制的自动化设备的集成，来实现高度灵活和优化的AI闭环系统。例如，AI蓄势待发，将微软进一步推向移动设备芯片开发的新挑战和机遇。在不久的未来，人们频繁与之交互的每个设备都将内置AI。加速膨胀的AI功能，很大程度上是通过模仿人脑的神经网络，进行模式分析并向其学习，进而得以实现的。支持工业4.0的新技术包括大数据、移动设备、物联网、社交媒体和云技术等。为了继续保持领先地位，高科技公司正在利用AI软件生产AI芯片，以最大限度地融合支持工业4.0的技术，如图0-4所示。

大数据　　　　　　　　移动设备

物联网

云技术　　　　　　　　社交媒体

图0-4　支持工业4.0的技术

工业4.0不仅影响制造业，还影响服务业的所有领域，如运输、物流、零售、医疗保健、金融和公共服务。随着越来越多的公司推出AI技术，人们对于AI是否会取代人们的工作的忧虑，进行了很多讨论。但是，事实上，AI将取代呆板和不用思考的工作。AI工具和人类的结合将改变未来的工作场所。当这种情况发生时，人们可能需要更加专注于自己的优势领域，而将工作的其他部分留给AI完成。

人机的界面不会发生巨大变化。但是，思维技巧的跨度、宽度和深度是前所未有的。因此，我们呼吁改变我们的思维方式，从二维到三维甚至更多维，依次类推。传统的移动电话已从智能手机的2G模式切换到5G模式，随着技术的发展，日后更可继续更新换代。智能技术改变了我们的思维和行为方式，使我们对加速学习能力的需求日益迫切。这正是全方位整合式思维必须在当下被推崇的行动优势所在。

埃森哲咨询公司与前沿经济（Frontier Economics）合作，对AI在33个经济体中的影响进行了建模研究，这些经济体共同创造了全球80%以上的经济产出。该研究在基准情景中比较了2035年每个经济体的预期经济规模，该情景显示了在当前假设下的预期经济增长，以及将AI纳入经济的情形。研究发现，AI有可能在2035年之前将新加坡的年GDP增长率从3.2%提升到5.4%，就美国而言，年GDP增长率可能从2.6%增长到4.6%。可见，AI预示着巨大的增长潜力。

因此，工业4.0为新一代创新者提供了巨大的机遇，让我们运用本书讨论的四种思维方式持续提升自己。

> 逆境蕴藏繁荣。
> 世界上许多最富有的创新者或
> 高科技创业家的最伟大发明都源于逆境，
> 已故的史蒂夫·乔布斯就是其中之一。
>
> ——本书作者

目　　录

第一章　认知 1
　　什么是创新者? 1

第二章　对齐 11
　　为什么创新者是关键? 11

第三章　行动 33
　　如何培养创新者精神? 33

第四章　实施 61
　　谁是真正的创新者? 61

第五章　巩固 79
　　我们应该何时倍增创新者精神? 79

第六章　预测 99
　　创新者最能发挥哪些作用? 99

参考文献 140
致谢 145
关于作者 146

第一章 认 知

什么是创新者?

全球化、科技发展和利益相关者的期望这三大变革力量对一个国家的竞争力、行业吸引力和企业适应能力产生了重大影响。因此，在21世纪的各行各业中，需要各种不同的创新者。典型的创新者包括爱彼迎、Alphabet、Meta、谷歌、优步、苹果，以及其他智能手机、云技术、物联网、全球位置感应、新能源汽车等企业的创始人。

作者将"创新者精神"（Innopreneurship）定义为管理、领导力和企业家精神的重叠特征，缺一不可。创新者精神是培养创新者的过程，通过改变我们的思维、工作方式、行为模式和表现方式，灵活地驱动人员、流程和实体世界[1]去实现创新乃至规模创新，将其能量发挥至最高峰值。创新者精神与组织能力成熟度的关系如图1-1所示。

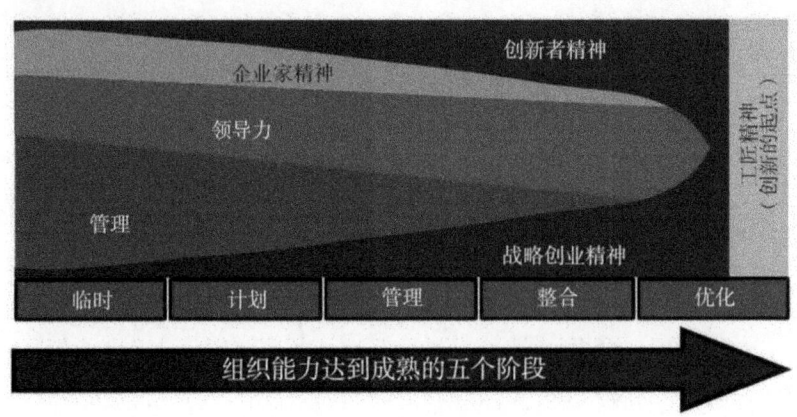

图1-1　创新者精神与组织能力成熟度的关系

在本书中，"创新者"（Innopreneur）是指将自己从一个技术人员、工程师或科学家，转变成拥有公司主要股份价值的创新者的人。本书的目的是向读者展示创新者在现实世界中的作用，以便他们体会创新者对国家经济的宝贵贡献。创新者创造就业和商机，从而为一个企业带来财富，推动一个国家的繁荣发展。

---

[1] "实体世界"英文为"Planet"，泛指包括物联网、通信技术、云技术、SAP系统等能够使我们的工作更轻松、更快捷的技术、工具和工作条件。——编者注

> 创新者会创造就业和商机,从而为一个企业带来财富,推动一个国家的繁荣发展。
>
> ——本书作者

什么样的技能对于创新者的成功至关重要

根据作者超过25年的创新研究和实践经验,我们发现以下四种思维技能对于创新者至关重要,如图1-2所示。

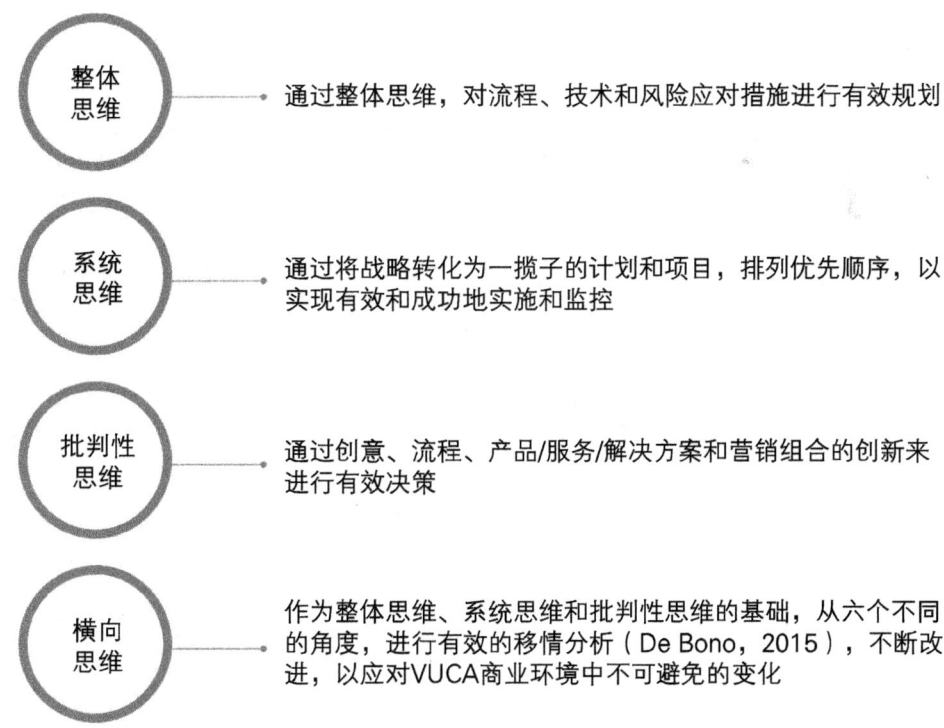

图1-2 创新者的四种思维技能

创新者精神

为什么我们需要创新者

技术统治世界。21世纪需要一众创业家转变为创新者，他们需要对有效的技术进行投资和创新，以保持可持续的竞争力。创新者是全脑型的管理者，他们可以优化左脑（分析）和右脑（整体），发展四个方面的人力资本，如图1-3所示。思考型人力资本的韦恩图如图1-4所示。

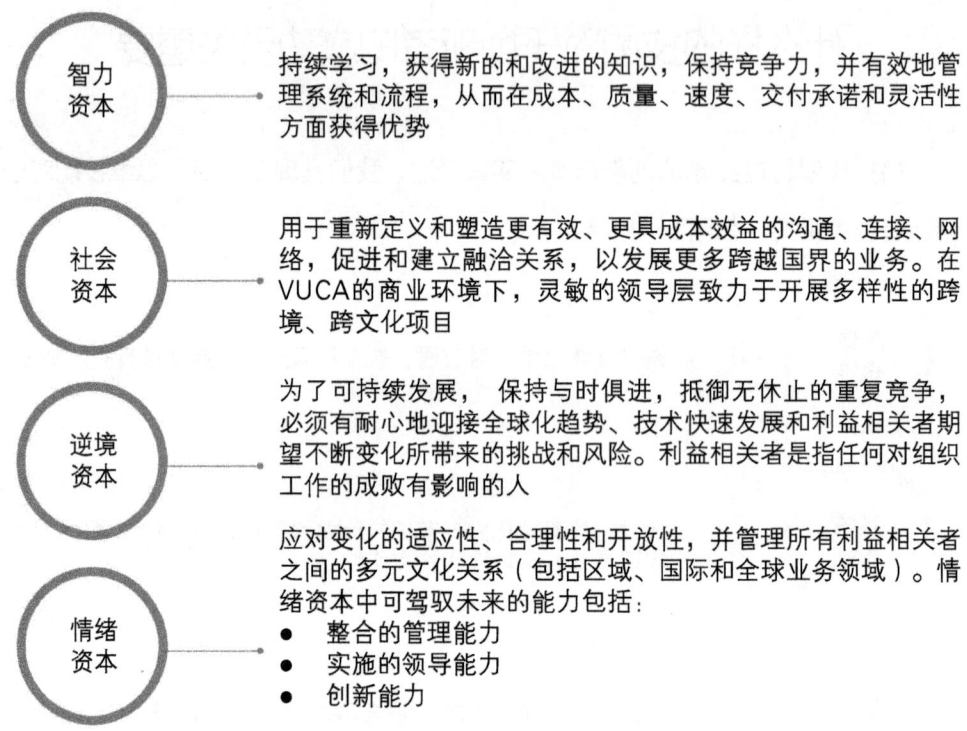

图1-3 创新者（全脑型管理者）四个方面的人力资本

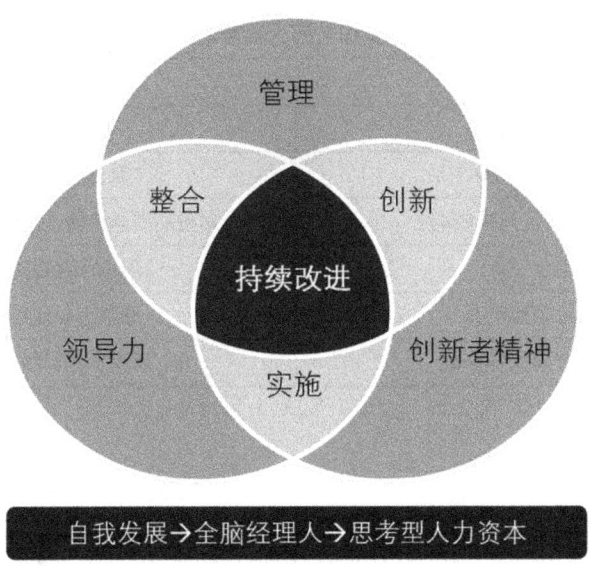

图1-4　思考型人力资本的韦恩图

❖ 谁是真正的创新者

成功获得晋升的人一般要经历如下几个阶段：

- 有能力的员工（个人内在能力）
- 团队成员（人际交往能力）
- 主管经理（管理能力）
- 有效领导者（组织能力）
- 行政主管/教练（管理能力、领导力、企业家精神和创新者精神）

因此，一个真正专业的创新者是在管理能力（问题解决者）、领导力、企业家精神（关键变革驱动者）和创新者精神（机会主义者）之间实现最佳融合的人，这让他从优秀到卓越（Collins, 2001）。内部企业家则是企业的雇员或职工（Haller, 2014）。表1-1显示了创新者和内部企业家之间的主要区别。图1-5显示了五种不同的技能水平。

表 1-1 创新者和内部企业家之间的主要区别

创新者	内部企业家
为梦想而努力	为公司而工作
致富是光荣的	致富是一项成就
不问代价，只求成功	对成功充满热情，同时亦考虑成本
忠于使命	忠诚于共赢的结果
被称为冒险者	被称为职业经理人
以财富博取得尊重	获得工作对象的尊重

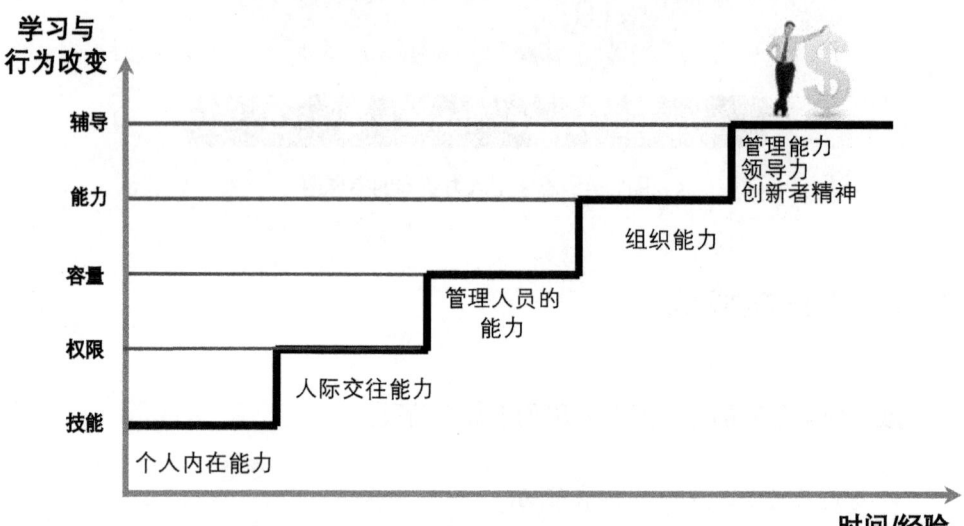

图1-5 五种不同的技能水平

改变组织的文化是一项艰巨的任务，需要激情、耐心和以原则为中心的领导才能（Covey，1992），并且在管理变革的每一个阶段都要谨慎。这就是所谓的"组织发展"，或者简单地说就是"有计划的变革"（Bridges，2009）。

如何获得创新者并保住创新人才库

我们通过灌输行动学习理念来培养创新者，以实现创意、创新理念、产品/服务/解决方案的集成，实施计划和项目，并创新产品、流程和绩效。总体目标是建立更快、更好和更智能的优势。基于项目的加速行动学习©过程中的一种行之有效的方法是"让项目成为培养创新者的管理能力、领导力、企业家精神和创新者精神的学校"（Clark，1994）。这将提高组织的执行能力，以实现最高绩效并巩固当前的可持续竞争优势。薪酬和奖励皆与产品和项目挂钩，以关键绩效指标（Key Performance Indicators，KPIs）来衡量结果，这反映了结果驱动型战略的重要性。Kaplan & Norton（1996）将衡量战略与执行之间差距的KPIs系统定义为平衡计分卡。

崭露头角和才华横溢的创新者会受到其中的影响。创新者对团队成员的尊重与团队成员对目标的忠诚度应该是相互的。当分享利润时，一些创新者可能会出现以自我为中心的问题。以自我为中心的创新者往往不愿把等价值的奖金或奖励分配给团队，因而损坏了团队精神和创新者精神。真正的创新者精神鼓励双赢的利益分配和公平的薪酬制度。

如何衡量正确的 KPIs

一个组织的绩效是根据对规划投放和实际产出的持续监控得出的结果。

输入战略，再将其转换为创新方案和项目的组合。项目的实施成功与否取决于优化资源配置、支持战略执行的组织结构，以及组织的绩效文化。但是，战略的执行能力与组织的人力资本及绩效文化息息相关，即组织所培养的创新者的数量。因此，大多数中小型企业无法成长为跨国公司，其瓶颈就在于难以将管理者培养、培训和发展成领导者，并最终使其成为真正的创新者。记住：我们"赌"的是人，不是战略。

倍增效应所带来的协同效应通常会被我们的常识方程所忽略。大多数创新者都希望快速地取得成果，但他们却忘记了要培养和发扬创新者精神。创新者的养成是一个过程，这个过程需要一定的时间，以培养公司的创新学员（人员）。本质上讲，如果组织文化是培养创新者精神的核心能力，那么它所创造的价值是很难被模仿的。也就是说，你可以聘请人才，但不能"聘请"人才为之工作的组织文化。

资源配置和组织结构应如何优化

组织重组是提高战略执行能力的关键。组织结构和资源配置要遵循战略，矩阵型组织不足以应对全球化力量和技术不断发展的影响。矩阵型组织和项目化组织结构的组合将通过有效利用人力资本（同步执行多重任务）来最大限度地减少间接成本。图1-6展示了有助于实现资源（资金、人力、机器、材料、方法）配置优化的项目化组织结构示例。

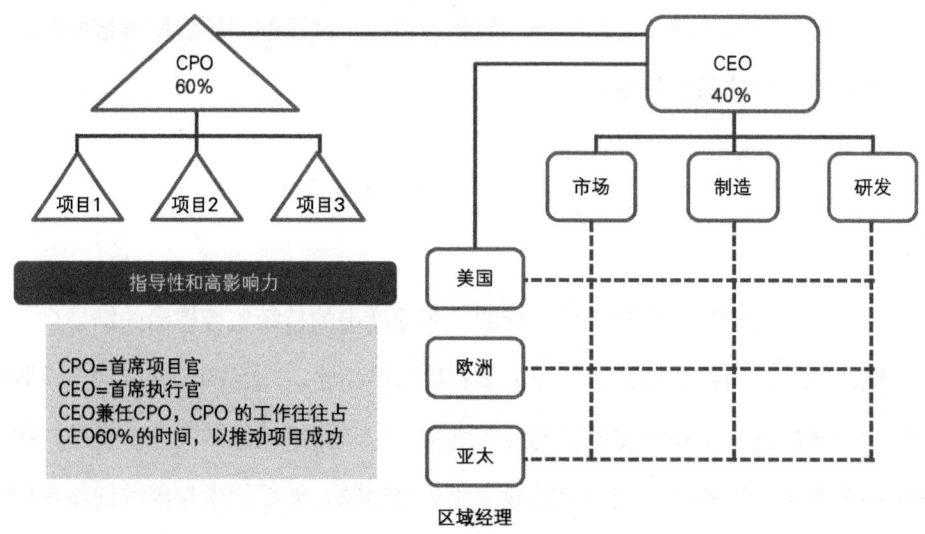

图1-6　项目化组织结构示例

通过颠覆性创新，专注于关键项目的更高绩效（将复杂、昂贵的产品转变为更简单、更实惠的产品）来获得更高的盈利能力，以获得令人惊喜的投资回报（Peters，1999）。

一个组织的绩效目标可以通过其成本、质量、交付速度、交付承诺和灵活性来衡量。但如果创新者精神只在少数高管身上具备，那么这些都是徒劳的。当创新者精神成为企业的精神并渗透整个组织时，便是成功的时候了。这样一来，绩效文化就成了一种为成功而努力的热情——一心一意、力量高涨。全面质量管理思想（Total Quality Management，TQM）认为"质量是所有人的事，人人有责"，同样，创新者精神是每位员工的生命力。

创新必须先成为"我们的工作方式"，然后才能助力我们实现超越世界一流水平的卓越业务成果。

结　语

在20世纪，技术人员为企业家工作。在21世纪，许多技术人员接受了管理教育，变得更有能力管理自己的组织。这类年富力强的创新者可以接受新技术，重塑产品，并创建前所未有的创新解决方案。在全球化力量、技术飞速发展和利益相关者期望的影响下，未来工作形态已演变成以创新者为主导。创新者需要具备以下四种人力资本才能脱颖而出，如图1-7所示。

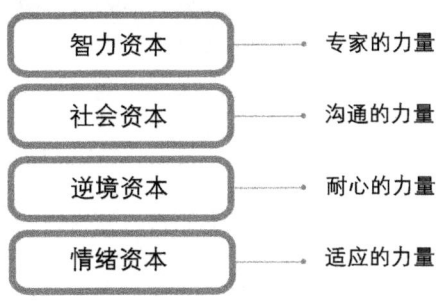

图1-7　创新者需要具备的四种人力资本

这四种人力资本对于实施创造性破坏（Creative Destruction），维持创新优势，提高创新效率，持续改善创新链，以创造业务价值至关重要。所有这些对于更好地满足利益相关者的需求，与时俱进和保持竞争力是必不可少的（Christensen & Raynor, 2013）。

但是，为了产生可持续的竞争力，创新者精神应渗透整个组织。创新者精神将在组织中持续存在，而不是只存在于创新者本身。尽管创新者不是公司的所有者，但创新者精神让员工拥有了归属感，令他们自发地获得拥有权（Take ownership，亦可理解为"发挥自主性"），激发了他们努力完成工作的热情。一个组织的能力取决于四个"I"，即整合（Integrate）、实施（Implement）、创新（Innovate）和持续改进（Improve）。

除非能比竞争者更快、更好、更智能，否则，组织将面临毁灭。同时组织必须不断进步，因为竞争对手永远都不会睡着。逆境也可以带来繁荣，在这个时候，是否选择成为一名创新者至关重要。

义务教育教我们如何思考；

高等教育教我们如何做深度思考；

边做边学教我们如何思考更好、更快和更智能；

这是具备创新者精神的加速行动学习过程的结果。

——本书作者

第二章 对 齐

为什么创新者是关键？

全球化和技术发展对中小企业的影响

对于新加坡来说，在接纳全球化及其对新加坡经济之影响的同时，她必须就困扰自己的主要问题及其影响进行探究。全球化给工作方式、财富分配、知识管理、政治力量和经济状况带来冲击。从商业角度看，这些冲击已通过两个主要驱动力让世界经济体转向更加一体化和相互依存——市场全球化和生产全球化。全球化正在加速提升整个世界的经济水平和对人道主义的关注。全球化对国家、消费者和企业的影响如图2-1所示。

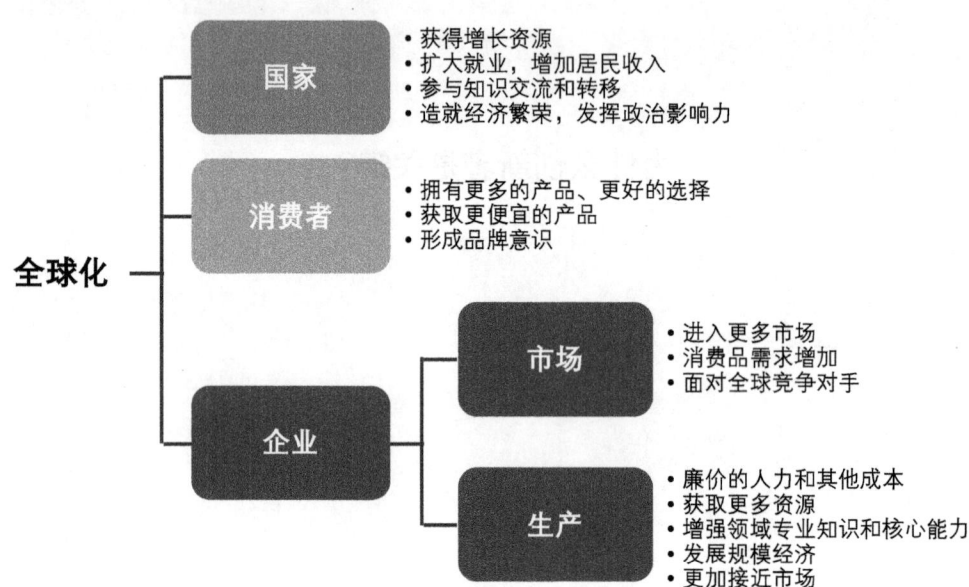

图2-1　全球化对国家、消费者和企业的影响

全球化的弊端

Stiglitz（2003）写了一本书，主题是全球化的弊端，这让他赢得了诺贝尔经济学奖。

基本原理其实很简单。技术世界在不断变化和改进。试想在一个没有计算机技术的世界，如何才能将我们的生产力提高五倍甚至更多？更不用说我们已经用自动化技术代替日常的人工作业来为业务增值。同样，在技术的不断发展下，我们今天所取得的这些成就也将成为历史。

例如，像新加坡这样的国家非常容易受到全球化及其力量的影响。在这之中，技术是最重要的力量之一。对于新加坡来说，当务之急是通过培养思考型人力资本，跟上日新月异的技术发展步伐，为全球市场提供服务。这是有别于其他竞争对手的。如果新加坡要避免被具备成本优势的国家所取代，那么她就需要拥有源源不断的创新者，打造培养思考型人力资本的流水线。全球化的弊端如图2-2所示。如果我们不改变观念，将难免受到这些弊端的影响。

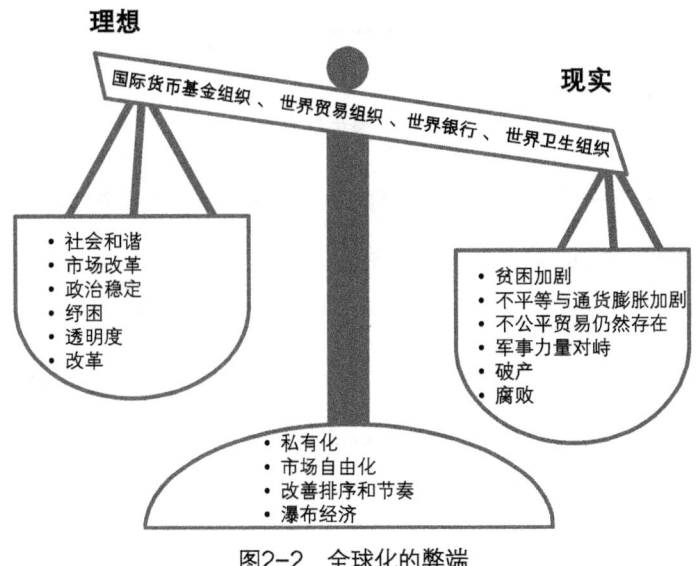

图2-2 全球化的弊端

国际货币基金组织（International Monetary Fund，IMF），世界贸易组织（World Trade Organization，WTO），世界卫生组织（World Health Organization，WHO）和世界银行（World Bank）等机构确实具有良好而崇高的战略意图。他们认为，在实现平衡后，全球化将使得当局放松管制，实现自由化和私有化，改善对欠发达经济体的基础设施建设项目的排序和步调，开放受保护的市场，从而达到人们对瀑布经济的预期效果。瀑布经济效应如图2-3所示。

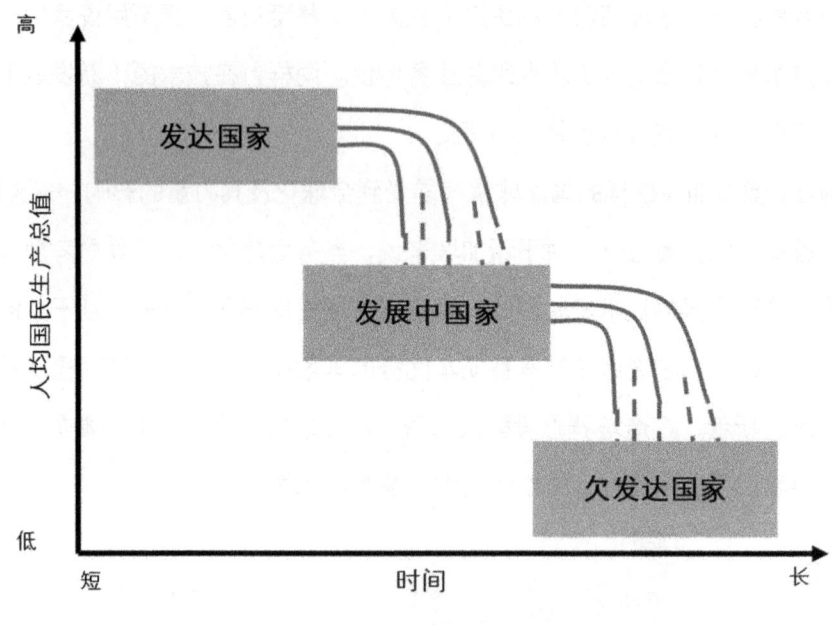

图2-3　瀑布经济效应

但这实际上是一项不可能完成的任务。这些组织见证了贫富差距的扩大。我们现在正面对着全球化及其不安分的短视。

在2007年，Stiglitz出版了他的第二本书：《让全球化发挥作用》（*Making Globalization Work*）。显然，全球化不是一个神话，而是一种思维定式。尽管新加坡在世界地图上只是一个很小的红点，但这个国家是世界上最具竞争力的国家之一：在世界经济论坛（World Economic Forum，WEF）中排名第二（2017），在洛桑国际管理发展学院（International Institute for Management Development，

IMD）发布的榜单中排名第三（2017），人均GDP为53053美元（该数据源于2017年世界经济论坛）。

产品首先在发达国家（德国、日本、英国、美国等）生产。接下来，由于成本优势，生产线被迁移到了印度尼西亚、马来西亚、菲律宾和泰国等发展中国家。最终，印度、越南、柬埔寨和缅甸等非发达国家提供市场和生产优势。但是，由于跨国企业（Multi-national Enterprises，MNEs）的外商直接投资（Foreign Direct Investment，FDI）决策，增加生产设施以应对不断变化的市场需求变得更加复杂。影响FDI决策的三个关键因素如图2-4所示。

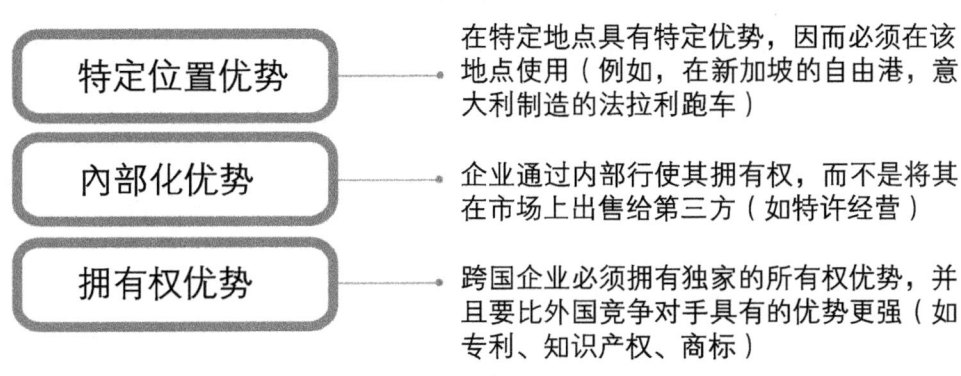

图2-4 影响FDI决策的三个关键因素

当在国际上开展业务时，跨国企业需要关注以下三个主要战略，如图2-5所示。

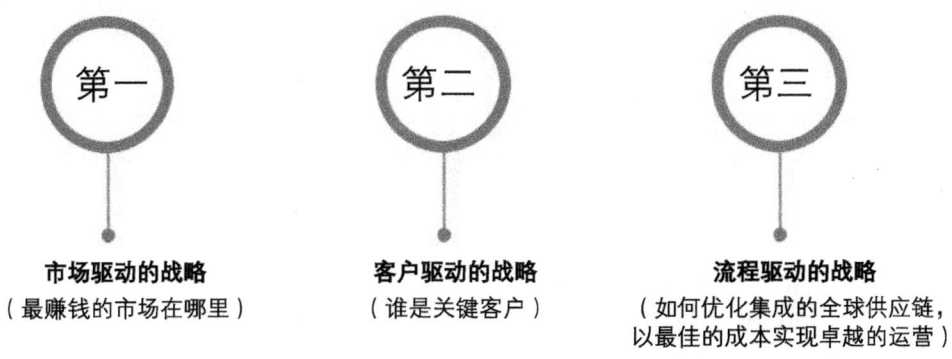

图2-5 跨国企业需关注的三个主要战略

无论采用哪种战略组合，全球化的结果及其对一国经济的影响都不应成为"零和游戏"，即胜负归零。政治和商业领袖必须为东道国和跨国企业母国及全球的投资者，为谋求实现"共赢"的共同目标而努力，使全球化能令世界成为一个对全人类来说更好的地方。未来所需的技能是"管理人的动力"，这与重新审视、重新定义和利益相关者关系管理相呼应。

由于3个"L"，我们在一个劳动力多样化的"地球村"开展业务（Mathews，2006）：

- 充分利用彼此的劳动力（Leverage）
- 互相学习以迅速提高绩效（Learn）
- 与包含6个"M"（见图2-6）的全球供应链建立联系（Linkage）

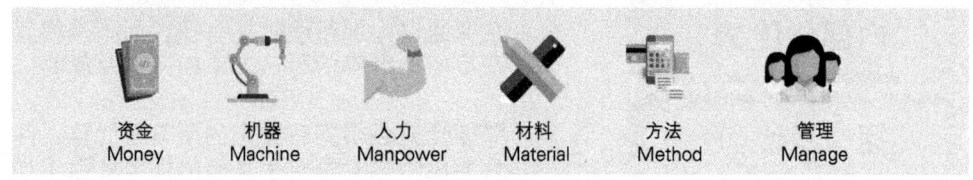

图2-6　6个"M"

图2-7显示了全球化的三个主要目标。

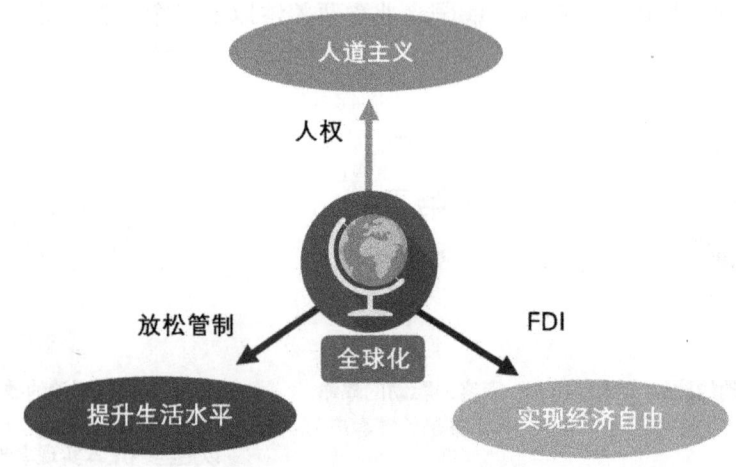

图2-7　全球化的三个主要目标

全球化为更快、更好、更智能的业务成果铺平了道路。未来的创新者是那些懂得跨国经营、会管理跨职能和跨组织项目的人，而项目本身也会聘用不同国籍和文化背景的员工，需用上跨学科技能，并且需要具备管理能力和创新能力以及在VUCA商业环境中具备领导力的人。他们将需要成为出色的问题解决者、精明的收入创造者、卓越的执行者和合乎正道的财富创造者。

全球化的14种力量

在21世纪之前，对更快、更好和更智能的需求被认为是完全不合理，甚至不理性的需求。然而，在21世纪10年代，这三个标准让高效组织具备了差异化优势——要么差异化，要么停摆。事实证明，随着时间的流逝，全球化的7种力量——多样性、高质量、低成本、定制化、困境与悖论、速度，以及便利性——被证实尚有不足。为了顺应全球化的浪潮，还需要认识到另外7种力量，这14种力量之间需要和解，实现收益并巩固成果。另外7种力量是基础设施、未知风险、自由贸易协议、政府对绿色环保的支持、全球金融一体化、原油短缺和技术。全球化的14种力量如图2-8所示。

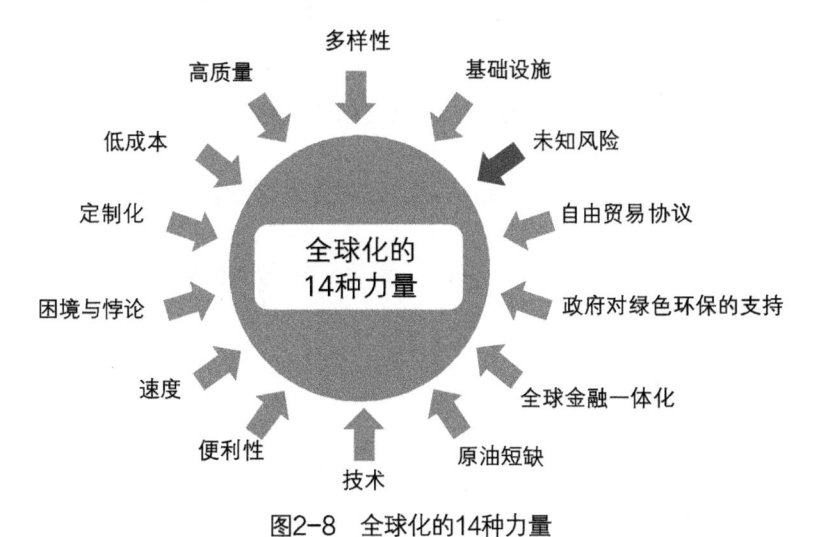

图2-8　全球化的14种力量

应对全球化的基础

要应对全球化，政治确定性至关重要。从历史上看，最具竞争力的国家在政治上都拥有确定性，还有商业监管者的稳定性和稳定的经济发展，这些吸引了FDI。为了攀升到新的发展水平，她们需要实现其战略意图——成为区域甚至全球金融中心、旅游业中心、技术的"硅谷"等。图2-9显示了为应对全球化，特别是技术的影响，所组成的五个坚实基础。

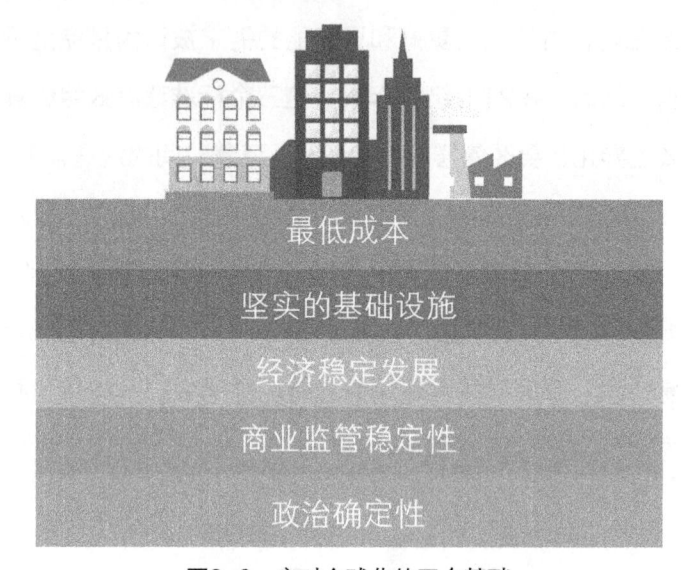

图2-9 应对全球化的五个基础

例如，新加坡根据这五个基础制定了五项重点国际枢纽目标：

- BTMICE（商务、旅游、会议、奖励、会展/大型活动）枢纽。
- 家庭健康枢纽。
- 金融与财富枢纽。
- 教育枢纽。
- 研究与开发枢纽。

全球化和技术发展对新加坡的影响

为了解释这种现象，我们可以应用全球转移范式（人们的思维和行为方式）来凸显影响一个国家发展的不同驱动因素。在短短50年的时间里，新加坡已经历三个发展阶段，从发展中经济体发展为世界第一序列的发达经济体。如前所述，这三个阶段分别是要素驱动、投资驱动和创新驱动：

- 要素驱动——取决于成本优势。
- 投资驱动——依靠独特的投资优势，新公司仅需几个月即可完全投入运营。
- 创新驱动——不断追求创造更高业务增值的产品、服务和解决方案。这是新加坡目前所处的发展阶段（自2017年至今）。

新加坡创新驱动阶段的例子是自2010年开始运营的两个综合度假村Marina Bay Sands和Resorts World Sentosa，到2015年，这两个综合度假村对旅游业的贡献增加了220亿新元，相当于新加坡GDP的4%，并创造了16万个就业机会。图2-10显示了全球化发展的不同阶段，新加坡花了50年的时间从要素驱动阶段发展到创新驱动阶段。

图2-11展示了在全球化效应下新加坡制造业产品类型的转变（源于《海峡时报》2004年5月17日文章）。

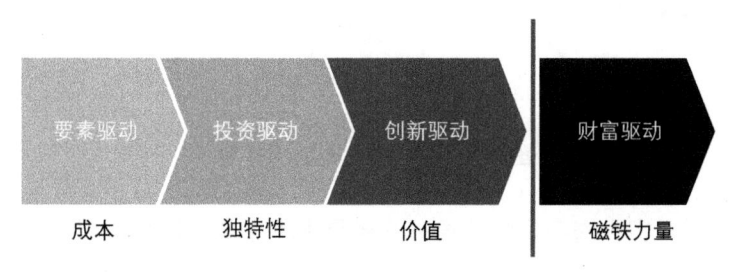

图2-10 全球化发展的不同阶段

20世纪60年代
- 米粉
- 咸蛋
- 晶体管
- 蚊香
- 马桶

20世纪70年代
- 磁带录音机
- 烤面包机
- 时钟收音机
- 自行车
- 黑白电视

20世纪80年代
- 汽车收音机
- 电脑配件
- 相机和光学镜头
- 计算器
- 苹果电脑

20世纪90年代
- 药品
- 医疗装置
- 冰箱压缩机
- 传呼机
- 无线电话

千禧年
- DVD刻录机
- 液晶电视
- 隐形眼镜
- 外科手术显微镜

图2-11 全球化效应下新加坡制造业产品类型的转变

关于保持竞争力的问题，哈佛商学院的迈克尔·波特教授提出了所谓的"新加坡菜单"（menu），希望让它跃升为财富驱动型国家，即成为吸引最佳人才、最佳机构、最佳企业的磁铁，以及最好的熔炉中的一个，以引导新加坡成为持续具有最高竞争力的先进国际大都会。波特的"新加坡菜单"如图2-12所示。

与邻国合作：
印度尼西亚和马来西亚

解决经济中的弱点：
- 高昂的生活和经商成本
- 缺乏严峻的国内竞争
- 国际业务能力较低
- 低技能工人
- 过多来自政府的控制
- 缺乏灵活和宽容的社会环境

保持独特性：
- 在咨询、医疗保健、资产管理方面表现卓越
- 发展电子信息技术、化学、医疗保健，商业服务领域的商业集群
- 促进大学研究
- 满足尖端客户的需求

波特针对新加坡国际商业战略的重新思考

企业转型：
- 创建尖端的企业
- 提高创新者的竞争力

图2-12 波特的"新加坡菜单"

获得进步与实现繁荣发展的唯一途径是激发企业家精神和创新者精神，从国家标准到区域标准，再到国际竞争标准，最终达到世界一流标准，这是一项奥林

第二章 对 齐

匹克挑战。首先，你在全国运动会中获胜，接下来，你将赢得东盟运动会这样的区域性运动比赛，之后，你在英联邦运动会，甚至奥运会中竞争并获胜。为了在全球化经济中取胜，即使在不利的区域性、国际性和全球性的VUCA商业环境和市场条件下，创新者也必须树立奥林匹克精神，以取得卓越表现和突破性的业务成果（Chan，2017）。

同样的现象也适用于国际和全球商业竞争。目前，新加坡只有少数世界级企业家转变为创新者。这些亿万富翁是从事糖果、按摩椅、建筑涂料、房地产和棕榈油行业的，他们的表现已经不错，但还未达到Collins & Hansen（2011）所指的卓越水平。

需要花费多长时间来打造一条培养创新者的流水线？尽管新加坡是一个相对较小的国家，但她可以将自己定位为一个磁性枢纽，她将通过全球化效应和技术实力，使创新者的奥林匹克精神（创新者精神）得以蓬勃发展。尽管创新者是企业的拥有者之一，但是创新者精神意味着任何人都可以有为企业服务的强烈意愿，就好像他们是企业的拥有者一样。创新者是一个人，创新者精神是一个影响着一群具备思考型人力资本的人，令他们做出像创新者那样的行为的过程。

> 为了在全球化经济中取胜，即使在不利的区域性、国际性和全球性的VUCA商业环境和市场条件下，创新者也必须树立奥林匹克精神，以取得卓越表现和突破性的业务成果。
>
> ——本书作者

全球化改变了中国、印度和印度尼西亚，使其成为亚洲的"磁铁"，并从根本上改变了全球和国际商业舞台。在"地球村"中，英语是沟通的通用语言，会计是开展业务的通用语言，项目管理是工作的通用语言，MBA是企业高管的通用语言。可以肯定的是，创新者精神是管理者、领导者和企业家的通用语言。而发展技术驱动的管理和创新者精神，对于在受全球化、技术发展和利益相关者期望影响的体验经济时代至关重要（Pine II & Gilmore，2011）。

对于新加坡来说，能否在培养全球最优秀的经理人方面脱颖而出，关系着能否超越亚洲三大"磁铁"实现转型。为此，新加坡需要通过培养具备全方位整合式思维的人力资本，为创新者发展正确的T型技能，使其能用上全脑的能力，度过2020年及以后的"完美风暴"（Chan，2011a）。

2024年及以后，创新者需要新的四部曲：概念、能力、连接、改变。

我们经历了三次工业革命，目前正处于从第四次到第五次工业革命的转型阶段：

- 第一次工业革命——动力工程与机械化时代。
- 第二次工业革命——自动化时代。
- 第三次工业革命——信息和通信科技。
- 第四次工业革命——无理性时代：由网络物理系统和计算机化智能工厂驱动的悖论。

社会的转型（农业社会—工业社会—知识社会）正在引起制造业内部的重大动荡，导致危机风险管理被普遍需要。如果我们只说一个导致制造业企业倒闭的因素，那就是"变化"。变化是激进的、不连续的、令人不舒服的，但也是有意思的（Handy，2016）。

概念经济中的4个"I"——整合（integrate）、实施（implement）、创新（innovate）、改进（improve）是企业在第四次工业革命中所需要的能力（Pink，2006）。当通过技术连接它们时，将导致迅速的改变。如果不能有目的地对技术进行管理，那么使用者将成为技术的奴隶。看看周围玩电脑游戏的人，他们就像"瘾君子"一样，他们花上更多的时间玩游戏，而不是为了提升自我认知和自我发展获取更新、更好的知识，他们的自我管理是不及格的。

第四次工业革命必将导致劳动力的大幅减少，同时要求劳动力具备更高的质量、能力和容量（Schwab，2016）。达尔文的进化论强调"适者生存"，同理，在第四次工业革命中，只有具备全方位整合式思维的人/企业才能幸存。

> 达尔文的进化论强调"适者生存"，
> 同理，在第四次工业革命中，
> 只有具备全方位整合式思维的人/企业才能幸存。
>
> ——本书作者

在竞争激烈的VUCA商业环境中，我们必须通过观察过去的趋势来推测未来的危险，并保持警惕。我们必须应对改变带来的挑战，对思维定式、心态、技能和知识进行大幅度改造，才能在全球市场上表现良好。我们需要适应多重任务（multi-task）的工作方式。

为了在第四次工业革命中蓬勃发展，我们必须确定导致变化的四个强大的市场力量（数量、品种、变异、可变性）。全球化和创新是变革的关键驱动力，如图2-13所示。

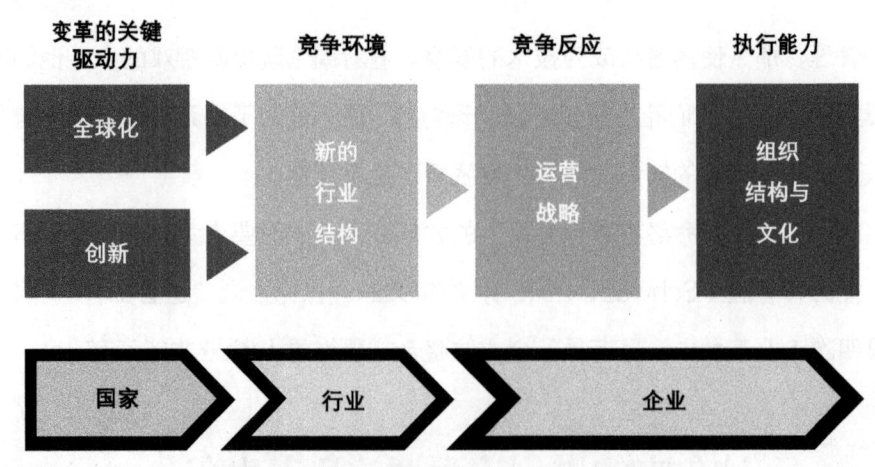

图2-13 变革的关键驱动力：全球化和创新

具体而言，以下驱动因素正在重塑跨国企业下游的世界一流中小企业。

市场驱动决定需求：

- 可变性增加（产品多样化）。
- 缩短交货时间。
- 质量提高。
- 降低单位成本。
- 优秀的KPIs。

技术驱动智能手段：

- 重组（使用更好的管理模型增进对管理的理解，进行深刻的业务分析，以制定战略）。
- 数字化（使用物联网和系统集成）。
- 计算机集成制造系统和集成的全球供应链管理（硬件和软件优化、认知计算、云技术等）。

这些都对制造、营销和管理的四部曲（概念、能力、连接、改变）施加了巨大压力。现在是时候重新定义、重新组合和重新设计这四部曲，以追求卓越的业务了，这是由于受到了全球化、技术发展和利益相关者期望变化的影响。

世界一流制造企业的最终目标是实现对其产品和服务的世界一流营销，为此他们需要依靠对供应链库存的有效管理。这将确保他们不断超越竞争对手，并获得可持续的成本领先优势，拥有广阔的发展前景。

这就需要世界一流的制造，世界一流的营销和世界一流的管理三部曲，实现卓越的运营。因此，有必要探索新的概念、能力、连接和改变。在未来的制造、营销、管理领域，中小企业对创新者和思考型人力资本会有独特而殷切的需求，因为这能帮他们达到世界一流的水平。4个"C"——概念（Concept）、能力（Competence）、连接（Connections）和改变（Change）的相互联系和重叠关系（韦恩图）如图2-14所示。

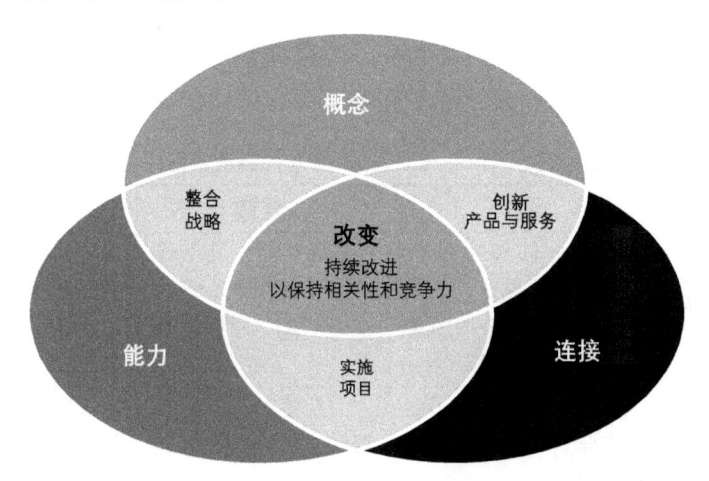

图2-14 4个"C"的韦恩图

企业若想在新的革命中跻身世界一流的行列，他必须通过制造、营销和管理这三部曲中提升4个"I"的能力，来赢得客户的青睐。他需要利用其核心竞争力和制造能力，以及最新的管理技术来产生创新的解决方案，以启发客户的想象力。

满足客户期望对于创造能使品牌获得领先地位的品牌体验至关重要。今后，企业要想持续发展并保持在全球市场上的有利位置，则制造、营销和管理的战略必须完全统一。必须采用连贯的战略，来锁定战略、业务和运营级别，以优化资源配置并实现最佳成本、最佳绩效和最佳解决方案。图2-15显示了通过制造、营销和管理三部曲,提高生产率,获得利润,明确定位,以实现成本、交付速度、质量、灵活性和可靠性的绩效目标,从而树立竞争优势,赢得订单。表2-1显示了从20世纪50年代到21世纪10年代把制造、营销和管理整合起来的重要性。

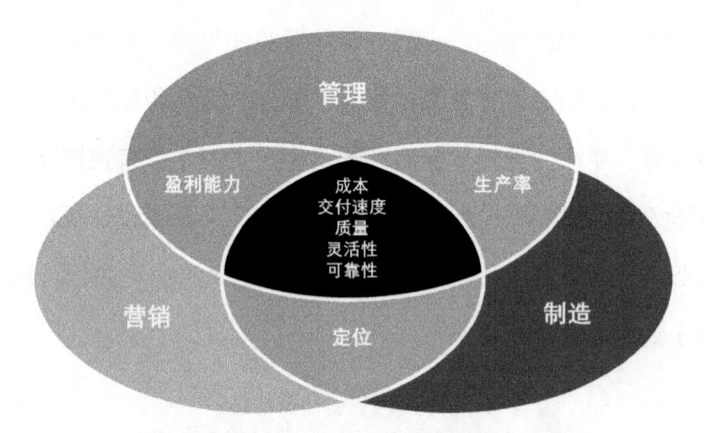

图2-15 制造、营销和管理三部曲的韦恩图

表2-1 20世纪50年代—21世纪10年代制造、营销和管理的整合

年代	制造	营销	管理
20世纪50年代	计划评估和审查技术、关键路径法、帕累托库存分析、全厂质量控制系统、运筹学	市场审计、市场细分、品牌形象、产品生命周期、营销组合	T-群、X理论/Y理论、管理网格、预测
20世纪60年代	物资需求计划、工业动力学、网络模拟、工业工程	消费者行为、短视营销、市场营销管理	管理层收购、交易分析、团队建设、工作丰富化
20世纪70年代	重点工厂概念、计算机辅助诊断、计算机辅助制造、数控机床、制造资源计划	社会营销、去市场化、定位、战略营销、宏观营销、服务营销	战略规划、生命周期、价值链、零基预算、矩阵管理、参与式管理
20世纪80年代	日本制造技术、准时生产、全面质量管理、改善、最佳生产技术、零库存、世界级制造、服务质量、生产力、制造自动化	营销战、内部行销、全球营销、本地行销、直销、关系营销、大型营销	日本式管理/Z理论、质量圈、追求卓越、使命/愿景/价值观、周期(缩短时间以获得竞争优势)、客户服务、内部创业

（续表）

年代	制造	营销	管理
21世纪10年代	精益生产、智能制造、自动化系统、合流工程、供应链管理、流程再造	增值营销、营销工程、商业关系营销、涡轮营销、世界级营销、创新营销、颠覆式创新	学习能力、学习型组织、高绩效文化、连贯性战略、核心竞争力、敏捷组织、赋权

连贯战略是通过卓越的运营获得最低成本，通过产品的领先地位可以实现最优业绩，最佳客户体验则可以提供最优解决方案。企业最初可以聚焦于选择任何连贯战略，但最终应该通过这三个战略来实现可持续的卓越绩效。

在有关对于缩小战略与执行差距极其重要的连贯战略文献中，Leinwand & Mainardi（2016）强调了五种非常规的领导行为：

- 专注于增长：对企业最擅长的事情保持清醒态度，以独具优势。
- 在功能上追求卓越创新：通过连接可传达企业战略意图的跨职能能力，将战略转化为日常工作。
- 重组以推动变革：通过发扬和利用组织文化优势来保持组织的连贯战略，从而发展创新者精神。连贯战略是成功的唯一途径。
- 精益：通过砍掉无关紧要的东西来削减成本，在真正有效之处投入更多，以变得更强大。
- 变得敏捷和有韧性：通过重塑企业的能力，创新以适应行业需求来塑造未来。

Leinwand & Mainardi的发现和讨论与创新者精神的6As是互相对应的。但是对于创新者精神的开发来说并不全面。本书的以下章节将为创新者提供一个全方位整合式的加速行动学习流程。

管理客户体验以确保满意度至关重要，利益相关者管理是任何业务运营的前提。利益相关者是可以影响客户满意度的任何人。例如，汽车制造商的空调系统出现故障，客户不得不等待两个月才能拿到更换部件，这就意味着客户将在两个月内无法享受汽车的空调系统，汽车空调系统的供应商就是利益相关者之一。

组织具有相互关联的战略层次结构，每种战略都是在组织的不同级别上制定的。战略的三个主要层次是组织战略、业务战略和运营战略。整合一致战略（Integrated Coherent Strategy，ICS）在组织、业务和运营层面整合了战略问题，以确保连贯战略在战略上可被接受，在财务上合理，并且在战术上可行（Chan，2014）。

这三重战略的意识和连贯性对于清晰的规划至关重要。接下来的行动是将连贯战略转换为项目实施的优先序列。要取得成功，就必须确保通过平衡计分卡，不断监控连贯战略与执行之间的差距，而该平衡计分卡将衡量成本、质量、交付速度、灵活性和可靠性这五个绩效目标。

❖ ICS：关系链

ICS是用于制造、营销和管理的统一概念，是世界一流的中小企业在寻求利润和市场份额时，应对变化和不确定性的一个范例。与此同时，ICS还将员工、供应商、经销商甚至竞争对手连接在一起，以追求卓越的客户体验。这是一种整体的、以人为本的概念，因为它认识到，尽管世界越来越受到高科技的驱动，但世界仍然受到创新者精神的影响和启发。创新者精神是技术创业的热情、活力、激情、毅力、耐力和个人价值观的共鸣。

执行ICS的核心能力是团队合作——基于原则和热情的、真诚的、正直的、互信的团队合作。这种团队合作能够促进组织内部职能之间以及跨越组织边界的开放式沟通，创造性地解决问题和做出质量决策。图2-16显示了以提高利润和市场份额为最终业务目标的五种双赢关系。

这一突破将使客户（创造物有所值）、员工（满足需求层次）、供应商和分销商（扩展可靠的业务）及竞争对手（为卓越业务制定标准）受益。最终业务目标是为所有利益相关者创造业务增值。从本质上讲，ICS是用于利益相关者和伙伴关系之间的协同作用的管理概念。这一概念是基于制造、营销和管理这三部曲中的能力和连接因素所构成的正和博弈（Positive-sum Game）——从长远来看，每个人都能获胜。以提高利润和市场份额为最终业务目标的五种双赢关系如图2-16所示。

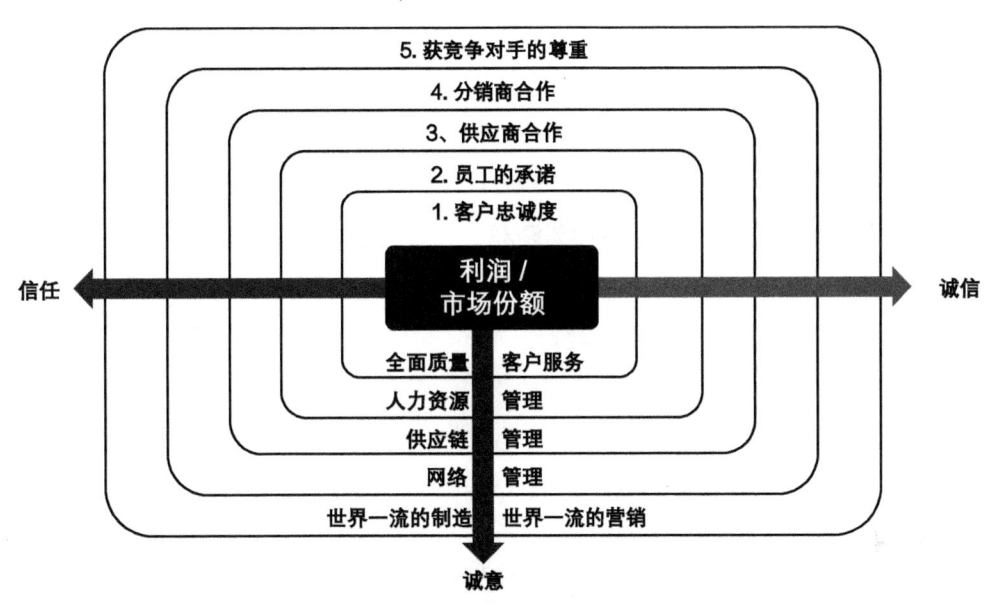

图2-16 以提高利润和市场份额为最终业务目标的五种双赢关系

结　　语

- 世界一流制造的目标是零缺陷。
- 世界一流营销的目标是零投诉。
- 世界一流管理的目标是战略意图的零偏差。

但是，在"唯一不变的是变化"的情况下，要达成这些值得称赞的目标是困难的，而且从单一和零碎的角度来看，这是不可能的。团结一致，实现共赢，是未来的解决方案，可以帮助企业完成变革期的过渡。图2-17给出了全球化的"3个Q时代"——数量（Quantity）、质量（Quality)和速度（Quick）及其对技术的影响。

数量时代 (20世纪60年代)	质量时代 (20世纪80年代)	速度时代 (21世纪)
• 机械技术	• 可编程控制	• 直接信息接驳
• 规模经济	• 速度经济	• 合成经济
• 提前规划	• 客户的反馈意见	• 个性化
• 等级制组织	• 基础团队的组织	• 建筑组织
• 从批量取得价值	• 价值驱使绩效	• 价值形式的一致性
• 科技分隔	• 技术重叠	• 技术合并
• 环境开发	• 环境关注	• 环境更新
第一次工业革命	第二次工业革命	第三次工业革命

图2-17 全球化的"3个Q时代"及其对技术的影响

例如，对于新加坡而言，创新者精神的当务之急是将制造、营销和管理这三部曲连接起来，以发挥高绩效文化的作用，这是必然的。企业可以用金钱聘请人才，但金钱买不来文化。文化是长时间培养出来的。因此，组织文化是难以模仿或复制的。创新者企业的属性必须是别树一帜的，因为他的员工是具有全方位整合式思维的人力资本，其能力具有可扩展性和可持续性，可以在整体上提升学习型组织的能力。

本章从整体思维、系统思维、批判性思维和横向思维四个方面阐述了全球化和技术发展对创新者精神的全方位整合式思维的影响。特别要注意的是，这适用于支持跨国企业的本地中小企业（以新加坡的企业为例）。本章讨论的模型最适合亚洲，特别是东盟的中小企业和跨国企业的创新者，因为其文化相近。

概念经济时代的第四次工业革命使用数字和智能技术铺就了一条新的且复杂的道路，这导致许多工作流失，而工作转移正在成为一种规范。未来的工作是基于合约制的项目式工作（Bridges，2009）。未来工作中所需的技能也将与从前不同（Gratton & Scott，2016），以下技能将成为必需：

- 查找并整合事实。
- 制定连贯战略。
- 比竞争对手更快、更好、更智能地实施战略。
- 创新产品、服务和解决方案以实现增值，增加收入，提高盈利能力，加快现金流动。
- 持续改进以保持与时俱进。
- 持续树立竞争优势。
- 重复高科技创新者的生命周期以延长寿命。

第一章介绍了创新者认知的阶段（我知道），第二章介绍了对齐的阶段（我理解），在第三章，我们将讨论创新者的行动阶段（我可以）。

> 企业可以用金钱聘请人才
> 但金钱买不来文化。
> 文化是长时间培养出来的。
> 因此，组织文化是难以模仿或复制的。
>
> ——本书作者

不要害怕脚步放慢，但要警惕止步不前。

唯一不变的就是变化，时间和浪潮不会在原地等你。

——本书作者

第三章 行 动

如何培养创新者精神?

要回答这个问题,就要从计划开始,将计划分解为流程,然后将流程细化为行动。有道是:"没有行动就等于没有结果",这是常识,但在实践中却被忽略了。我们经常有一个好的战略计划,但没有按时、按预算和按目标执行。这通常是因为领导者将流程(领导权)分配给了下一个管理结构来实施。因此,"闲聊"或"四处游走式管理"是管理课程中会讲到的一个常理。战略需要转变为在战术上可行的行动计划。管理课程中还经常讲到"SMART原则",其字母分别代表具体的(Specific)、可测量的(Measurable)、可分配的(Assignable)(流程负责人)、现实的(Realistic)、有时限的(Time-bound)。

创新是人类一项伟大的活动,通过创新,人类获得更高的物质文明和精神文明,国家获得经济的可持续增长,企业获得持久的竞争力。人类社会发展的历史,就是一部创新的历史。特别是人类经济在近两百年里产生了奇迹般的巨大飞跃。14世纪的文艺复兴开启了新思想的解放;15世纪的大航海拓展了人类文明的疆域;16世纪启动的科学革命奠定了技术革命的基础;17世纪初资本市场的出现延伸了社会金融活动的空间;18世纪开始的工业革命推动了经济的飞速增长……虽然目前的经济学理论和其他学说很难完全解释这个现象,但许多学者从这个历史发展轨迹中发现了一个共同的元素——创新。

亚力克·福奇在《工匠精神:缔造强大美国的重要力量》一书中,将创新者(喜欢捣鼓小器具、小发明的业余爱好者、DIY一族和发明家)称为"Tinkerer"(书中译为工匠),亚力克·福奇认为正是他们造就了美国奇迹。"美国的工匠们是一群不拘一格、依靠纯粹的意志和拼搏的劲头,做出了改变世界的发明创造的人。"比如瓦特、托马斯·爱迪生、莱特兄弟、古德堡、史蒂夫·乔布斯等,他们都是人类历史上杰出的创新者。

创新者精神一般为兼具企业家精神、科学家精神和工匠精神的复合体,如图3-1所示。

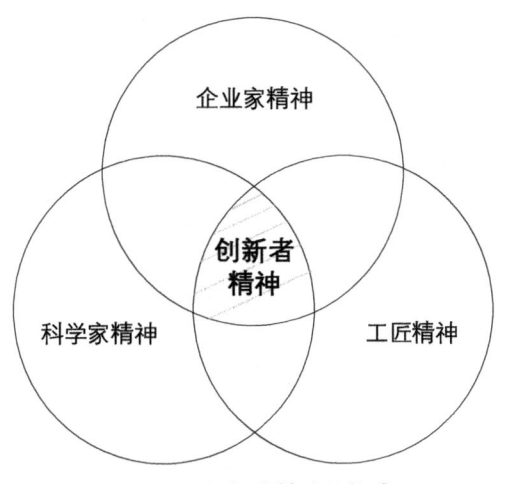

图3-1 创新者精神的构成

我们都比较熟悉企业家精神，这里增加了科学家精神和工匠精神。其中，科学家精神是指勇攀科学高峰，敢为人先，追求卓越，努力探索科学前沿，能发现和解决新的科学问题，提出新的概念、理论、方法，开辟新的领域和方向，形成新的前沿学派的精神风貌。《说文解字》释义："工，巧饰也；匠，木工也。"工匠精神就是技有专长的匠人具备的认真负责、精工细作、精益求精的态度和作风。

培养创新者精神就像抚养孩子一样。在婴儿阶段，需要手抱于怀；在开发阶段，共同领航对于避免不必要的危机至关重要。在成熟阶段，需要经验丰富的创新者的指导，以使下一代人可以变得更明智，以避免创新者精神的恶化。用奥运会做比喻，每一个后来居上的获胜者都必须打破前任冠军的世界纪录。这样的奥林匹克精神同样适用于企业奥运选手。

以下内容详细介绍了全球化所带来的营销、管理和制造的演变，从而对创新者的商业价值链产生了影响。

❖ 营销的演变

营销、管理和制造（3M）三部曲是相互关联和重叠的，如图3-2所示。3M

的未来已经在进化,其影响力是由三个力量推动的,这三个力量即全球化、技术和利益相关者的期望。

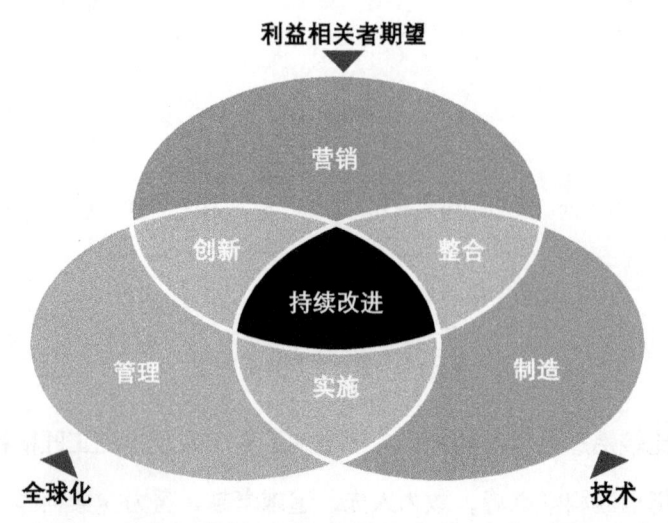

图3-2 全球化、技术和利益相关者的期望推动下的营销、管理和制造三部曲

图3-3显示了营销从20世纪50年代到21世纪20年代的演变。我们现在处于"体验经济"时代（Pine II & Gilmore, 2011），这里的客户包括婴儿潮一代（20世纪40年代至20世纪60年代出生），X一代（20世纪60年代至20世纪80年代出生），Y一代（20世纪80年代至千禧年出生），Z世代（出生于千禧年后）。这些不同年代的客户有着不同的期望和复杂性。

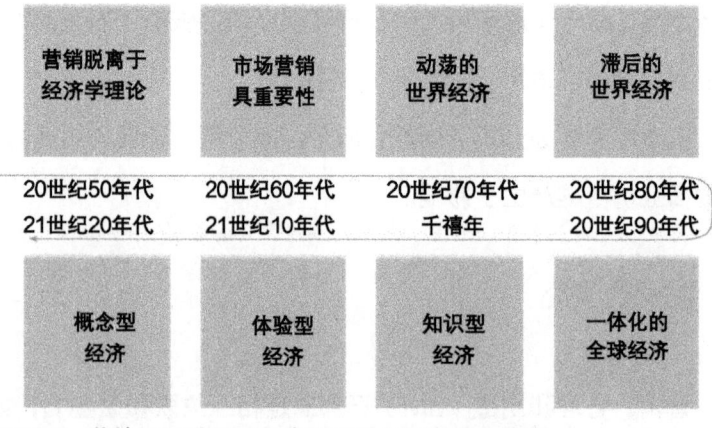

图3-3 营销从20世纪50年代到21世纪20年代的演变

第三章 行　动

营销战略已不约而同地从产品驱动（4P）演变为客户驱动（4C）、流程驱动（4A）以及当前的体验驱动（4I），如图3-4所示。

产品驱动（4P）	客户驱动（4C）
• 推广（Promote） • 产品（Product） • 价位（Price） • 地点（Place）	• 沟通（Communicate） • 定制（Customise） • 客户（Customer） • 便利（Convenience）
流程驱动（4A）	体验驱动（4I）
• 认知（Awareness） • 可接受性（Acceptability） • 可负担性（Affordability） • 可达性（Accessibility）	• 改进以获得体验优势（Improve） • 创新以获得解决方案优势（Innovate） • 整合以获得增值优势（Integrate） • 实施以获得敏捷优势（Implement）

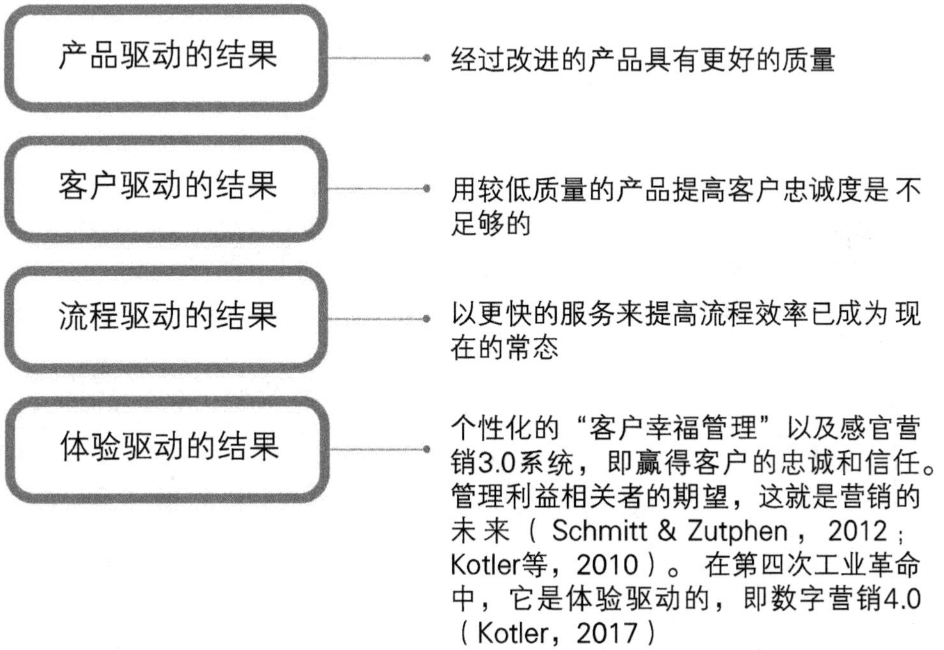

- **产品驱动的结果** —— 经过改进的产品具有更好的质量

- **客户驱动的结果** —— 用较低质量的产品提高客户忠诚度是不足够的

- **流程驱动的结果** —— 以更快的服务来提高流程效率已成为现在的常态

- **体验驱动的结果** —— 个性化的"客户幸福管理"以及感官营销3.0系统，即赢得客户的忠诚和信任。管理利益相关者的期望，这就是营销的未来（Schmitt & Zutphen，2012；Kotler等，2010）。在第四次工业革命中，它是体验驱动的，即数字营销4.0（Kotler，2017）

图3-4　营销策略从4P到4C、4A、4I的转变

利益相关者是指任何可以影响营销或战略计划成败的人。客户是其中最重要

的群体之一。另一个关键利益相关者是组织的内部客户，创新者通过不断创新以提高利益相关者的价值来为外部客户/利益相关者服务。因此，未来取决于重新定义、重新完善、重新发明和重新考虑利益相关者的期望管理，或者依靠创新来"管理人的动态"，以提高执行速度。

简而言之，"个人分布式网络管理"（Distributed Network Management，DNM）是营销的未来（Sham，2014）。

❖ 有何变化

在过去的60年中，营销范围发生了变化。图3-5显示了这段时间内客户的复杂程度及其期望的变化情况。

20世纪70年代	客户相信要为信誉付费 "你得到你所付出的"
20世纪80年代	客户相信物有所值 "同样的东西，更多的折扣"
20世纪90年代	客户强调竞争力 "少付多得"
21世纪20年代及未来	客户知多识广，拥护创新，推崇可持续至上 "更快、更好、更智能"

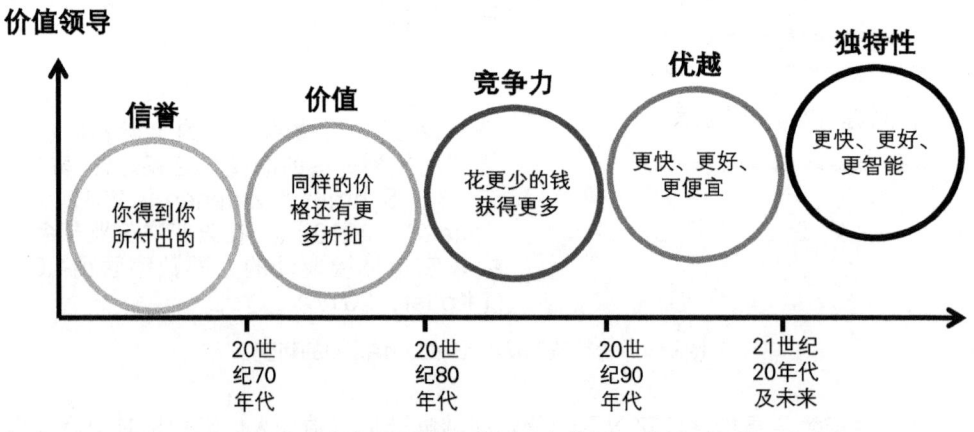

图3-5 不断变化的客户景观（20世纪70年代—21世纪20年代及未来）

同样，能够在变化中生存下来的组织是那些将关键的营销任务与不断变化的客户期望紧密连接在一起的组织，这些组织通过利益相关者或合作伙伴体验策略，追求满足客户的期望。而诺基亚、摩托罗拉和黑莓这样的曾经世界一流高科技跨国企业也因无法满足利益相关者的期望而倒闭。

Earls（2002）认为，营销的未来已死。营销不能独立运行，必须以全新的思维取代短视，以全方位整合式思维管理3M，做到更快、更好和更智能。更快意味着提高交付速度和兑现交付承诺；更好意味着提高产品的质量、品牌领导力和独特性；更智能意味着要倡导创新和提供全方位整合式的解决方案，以满足客户的期望，使客户满意，甚至可以了解其产品在教育客户方面相对于竞品的优势。精明的创新者将发现，传统的销售和营销技术将被数字营销、云技术、电子学习和物联网所取代。做与以前相同的事情只能迎来消亡。为客户幸福/期望管理而设计的利益相关者和合作伙伴体验策略的发展如图3-6所示。

> **曾经世界一流的巨型跨国科技公司如诺基亚、摩托罗拉和黑莓都相继倒下，因为他们没有满足利益相关者的期望。**
>
> ——本书作者

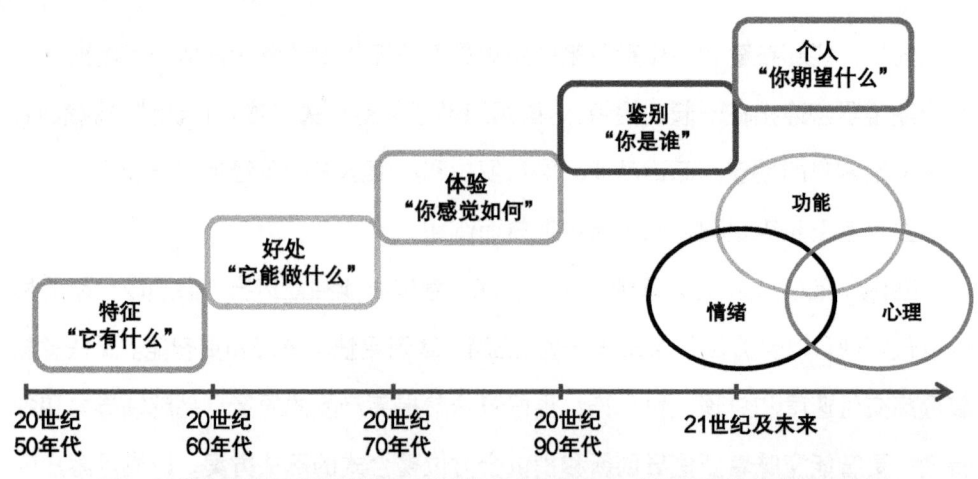

图3-6 为客户幸福/期望管理而设计的利益相关者和合作伙伴体验策略的发展

❖ 如何实施变革

以企业计分卡度量体验驱动战略的KPI为：

- 品牌领导力——项目实施成果以实现最佳产品性能。
- 市场份额——3M集成以获得最佳解决方案的结果。
- 盈利能力——全球供应价值链创新以实现最佳成本的结果。
- 客户幸福指数——不断改进以满足客户期望的结果。

图3-7描述了实现整合、实施、创新、改进的4I过程的体验驱动战略的制定战略—实施—操作（Strategize-Implement-Operate，S-I-O）模型。

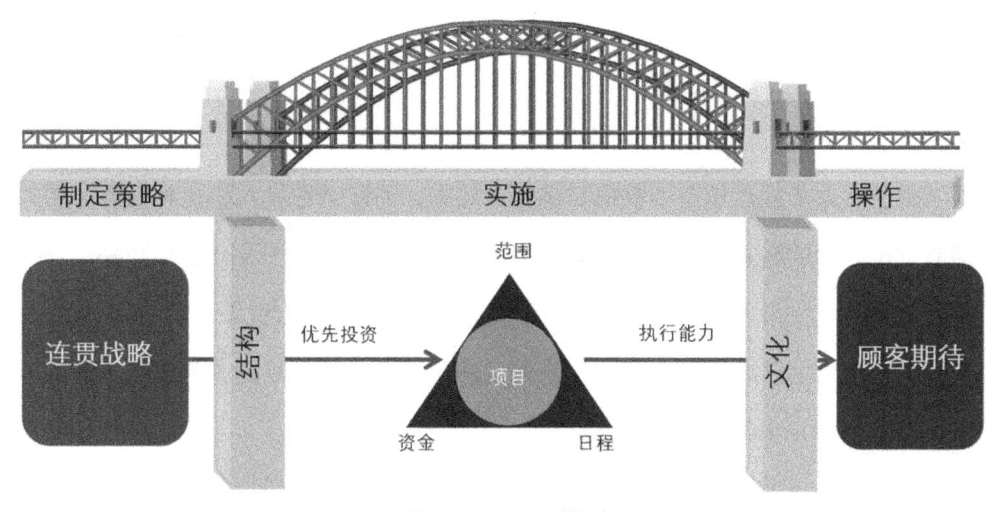

图3-7 S-I-O模型

实施体验驱动战略以实现4I（整合、实施、创新、持续改进）的企业计分卡是建立在以正确的标识执行正确的定位，区别正确的解决方案，以及业务增值的必要性的基础上的，创造正确的品牌体验以反映正确的调性，即品牌诚信、品牌识别和品牌形象（Aaker，2014；Lindstrom，2017；Wheeler，2017）。

图3-8显示了成功进行营销变更管理以过渡到营销、管理、制造三部曲的6As流程。对期望的适应性是内部和外部利益相关者关系管理成功的关键。

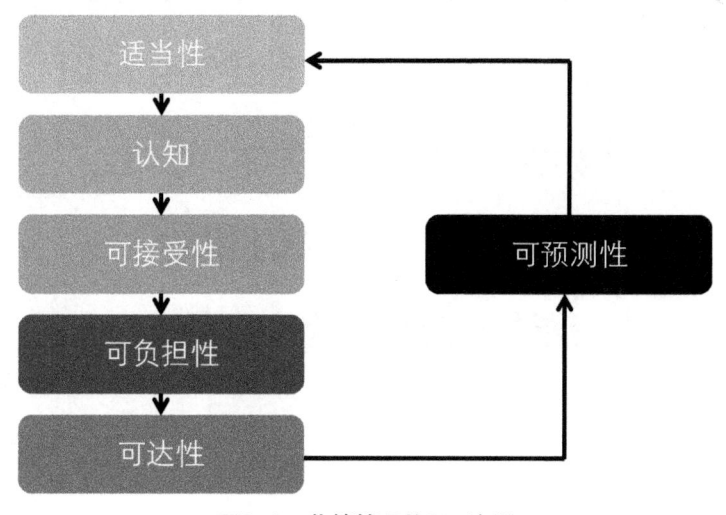

图3-8 营销管理的6As流程

❖ 营销的未来和创新者

每一项业务都是从市场营销和销售开始的，而在销售收入和盈利能力方面的结果则是成功的最重要指标。没有市场等于没有销售，等于没有售出产品。营销需要与管理和制造紧密结合。从整体（Holisitc）营销到全方位整合式（Wholistic）营销的转变已经开始，例如，微软收购了诺基亚和领英，以提供全套技术解决方案，即营销4.0（Kotler等人，2017）。

全球化、技术发展和利益相关者的期望都对客户体验产生了影响。为了成为世界一流的领导者并保持这一地位，组织必须具有不断创新、实施、整合和改进的能力。这些KPI对于实现卓越的执行能力，以及实现可持续的市场份额、思想份额和精神份额至关重要。缺少一点，创新者都将打一场注定失败的仗。比尔·盖茨是一个出色的榜样，他是一个全方位整合式的创新者，他可以通过向其员工灌输微软的创新文化来使组织不断创新、实施、整合、改进。

> 比尔·盖茨作为具有全方位整合式思维的创新者的出色典范，他能够让组织不断创新、实施、整合、改进。这是通过向其员工灌输微软的创新文化实现的。
>
> ——本书作者

❖ 管理的未来及其对创新者的影响

管理与"正确地做事"相关,领导则关于"做正确的事"。因此,管理重在效率,而领导重在成效。实际上,我们需要效率和成效来有效地做事,即正确地做正确的事。管理是流程驱动的,因此需要硬技能,而通过基于项目的加速行动学习©,流程驱动的管理变得更容易。但是仅仅依靠管理是不够的。

领导是人员驱动的,因此需要软技能。在不同的环境、情况和危机中,软技能需要更长的时间来培养,但是在现实的商业世界中,领导力必须与管理能力共存(Bennis,2009;Owen,2009)。

左脑用于管理而右脑用于领导的公理是过去式了。管理的未来是培养全脑型的管理者,即既能熟练运用软技能和硬技能,又能熟练掌握各种技巧的创新者。创业是培养创新者的过程,我们呼吁专家转变为具有T型技能的全脑型管理者。

已故的彼得·德鲁克(2006a,2006b)说:"管理、领导力和企业家精神是同一工作的不同部分,它们就像来自同一身体的手、鼻子和嘴。"剑桥大学商学院院长理查德·巴克表示:"管理还不是一种职业。"全球排名第15位的高层管理思想家加里·哈默尔在新加坡管理学院举办的研讨会上说:"管理正在发生革命,不重塑管理就会灭亡"(Hamel,2012;Hamel & Breen,2007;Owen,2015)。

以上阐述的目的是追溯管理的连续性。它需要与先前的营销和制造相一致,以了解良好的管理实践的模式、方式和原因,这对创新者的发展至关重要。

图3-9给出了20世纪50年代至今的关键管理思想。

创新者精神

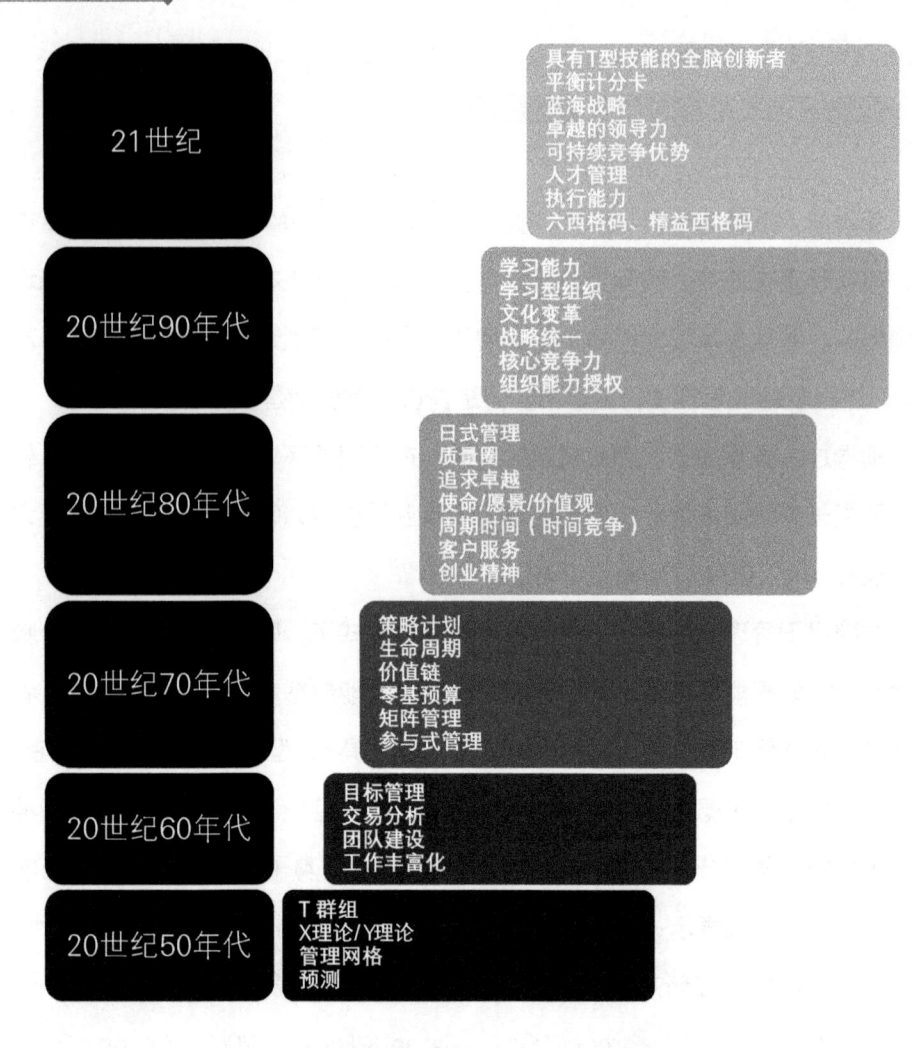

年代	关键管理思想
21世纪	具有T型技能的全脑创新者 平衡计分卡 蓝海战略 卓越的领导力 可持续竞争优势 人才管理 执行能力 六西格码、精益西格码
20世纪90年代	学习能力 学习型组织 文化变革 战略统一 核心竞争力 组织能力授权
20世纪80年代	日式管理 质量圈 追求卓越 使命/愿景/价值观 周期时间（时间竞争） 客户服务 创业精神
20世纪70年代	策略计划 生命周期 价值链 零基预算 矩阵管理 参与式管理
20世纪60年代	目标管理 交易分析 团队建设 工作丰富化
20世纪50年代	T群组 X理论/Y理论 管理网格 预测

图3-9　20世纪50年代至今的关键管理思想

创新是培育企业家的过程，

这些企业家具有很高的科学素养，

并且能将工匠转变为具有 T 型技能的全脑创新者。

——本书作者

图3-10汇总了前50名管理思想家的贡献(《金融时报》,2017)。我们有很多理论,实施的却少得多。具有讽刺意味的是,在现实的商业世界中,尽管MBA大量产生,但是知与行的差距越来越大(Pfeffer & Sutton,2000)。

> 具有讽刺意味的是,在现实的商业世界中,尽管MBA大量产生,但是知与行的差距越来越大。
>
> ——Pfeffer & Sutton,2000

战略	转换成项目	目标	
流程	执行能力	按时	公司目标:价值观、使命、愿景
人员	执行纪律	按成本	
实体世界	执行速度	按目标	
平衡计分卡	成功执行战略	按质量	

图3-10 前50名管理思想家的贡献汇总

管理、领导力、企业家精神和创新者精神的理论和实践可以分为战略、流程、人员、实体世界和平衡计分卡(KPIs)几大类。

问题不在于我们是否需要更多的或更少的MBA。就像治疗病人一样,问题不在于医生是对还是错,而在于病人是否可以被治愈。我们需要解决当前发展和培训管理人员的危机,并研究需要改变的内容,为什么现在需要改变,以及如果我们不改变将会发生什么。

如果MBA学院继续使用规定性的方法来发展和培训管理人员,不久之后这些传统机构将变得无关紧要，未来将出现创新管理大学或创新管理学院。管理者可以在这里参与行动学习，以管理不同种类和规模的项目，从而实时增强组织的执行能力。这可以证明管理人员是专家、专业人员还是普通从业人员，以反映其经证明的重要经验的广度和深度，满足世界级的标准KPI（Christensen & Eyring，2011）。

> **就像治疗病人一样，问题不在于医生是对还是错，而在于病人是否可以被治愈。**
>
> ——本书作者

我们并不缺乏培养创新者的知识，而是没有足够的C级教练来培养崭露头角的创新者。这种挫折在一定程度上是由于人们只渴望支撑交易的知识和技巧，而不希望分享知识并让他人获得利益。若非如此，沃伦·巴菲特就可能成为大学教授的教练，而不是最富有的财富顾问。

从国家层面到产业层面，乃至最终渗透到整个社会的充裕智力，仍然远未实现。这是创新者精神（培养具有正确精神的创新者的过程）在新加坡未成功的主要原因之一，除非改变心态，否则世界其他国家或地区也将拥有同样的命运。英国早在20世纪70年代就引入了全面技术博士学位，但是这些创新者培养计划早已不复存在。为什么？因为它们在理论上很好，但在实践中很难实现。需要改变4S的思维定式，即取得成功（Achieve success），扩大规模并维持成功（Scale and sustain the success），并与社会产生重大差异（Make a significant difference to society），这样才可能产生倍增效应，从而增加高绩效人才和创新者。

大学和政府等关键的变革推动者对于实施变革至关重要。我们迫切需要那些已经成功但愿意退后一步为国家和社会做出贡献的关键C级教练。正如约翰·肯尼迪所说："不要问美国能为您做什么，请问您能为美国做些什么"，美国已经成为一个强大的国家，因为它拥有精明的创新者（Owen，2012）。

要培养创新者,缺乏的不是知识,

而是足够的 C 级教练。

——本书作者

❖ 有什么需要变革

管理者不能仅仅在教室里接受教导，为了取得最佳学习效果，他们需要通过解决工作场所中的实际问题来提升学习效率，进而取得广泛认可的卓越业绩。实践证明，将行动学习与现实工作中的项目相结合，可以更有效地培养管理人员，使其成为以结果为导向的领导者，方法是使他们在整个组织中公开学习目标，从而加快学习速度（Ulrich，2015；1999）。下面提供了新的行动学习公式，该公式强调了©基于项目的加速行动学习（Chan，2017），以及这种边做边学的"七何"分析方法的有效性，如图3-11所示。

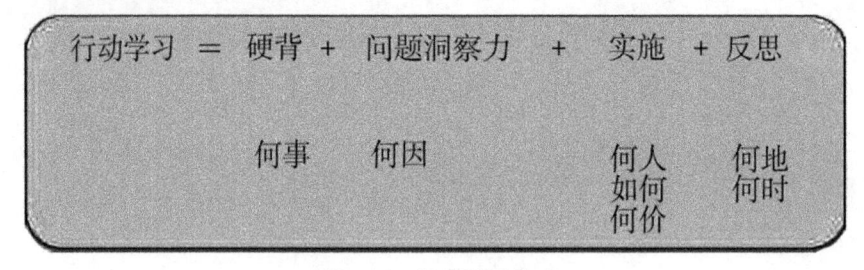

行动学习 ＝ 硬背 ＋ 问题洞察力 ＋ 实施 ＋ 反思

何事　　何因　　　　　　何人　　何地
　　　　　　　　　　　　如何　　何时
　　　　　　　　　　　　何价

图3-11　行动学习公式

行动学习的过程如图3-12所示。

完成后保留知识的百分比

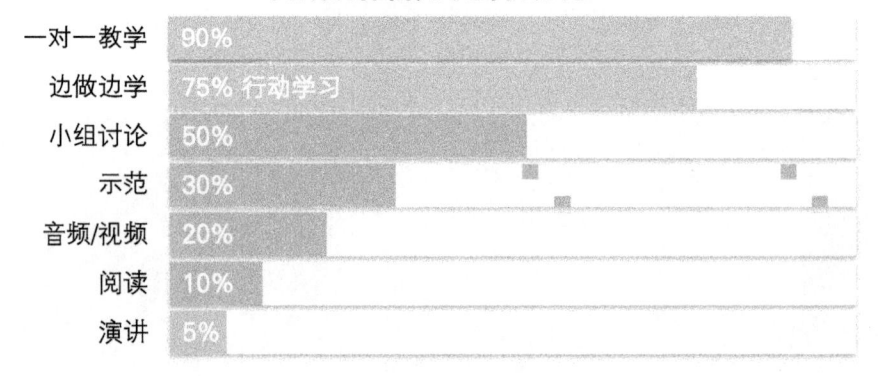

方式	百分比
一对一教学	90%
边做边学	75% 行动学习
小组讨论	50%
示范	30%
音频/视频	20%
阅读	10%
演讲	5%

图3-12　行动学习的过程

行动学习=边做边学

行动学习的目标是通过比竞争者更快地学习来赶上变化的速度，以实现加速学习。这是管理变革的三大成功动力之一，即变革与变化本身一样快。最有效的学习方法仍然是一对一的辅导（Marquardt，2017）。

❖ 为什么现在变革

只要你有能力，雇主就可能不在乎你上的是哪所大学。管理人员应该能够改善工作流程和理解问题，在战略执行方面做出具体的和持续的改进，能够节省成本，获得利润并积累实用而扎实的知识。这些知识被称为"组织流程资产"（Organizational Process Assets，OPAs）。OPAs也可以被认定为知识产权，这使领先的企业与陷入困境的企业区分开来。史蒂夫·乔布斯简洁地概括为："创新将领导者与追随者区分开来。"（Steve Jobs，2011）

行动学习的标准是：

- 对工作场所学习的原始贡献。
- 确定创新解决方案。
- 实施解决方案。
- 评估有效性。

这正是每个组织都希望其员工创造业务增值的目的。诱人的激励措施和更高的报酬不再是企业的负担，而是留住人才的必要条件。这是管理变革成功的第二个主要动力，即将员工的创新力和激情带入工作场所。的确，工作场所是我们的"第二个家"。

❖ 不变革又如何

在这个理性稀缺和悖论丛生的时代，唯一不变的是变化。全球化、技术发展和利益相关者的期望已经改变了我们的一切，包括工作、管理、沟通、领导的方式。思想或知识必须转化为战略，战略必须转化为项目，才能取得切实成果，即投资回报。除非将战略优势转化为行动优势，否则它仍然是无形的（Morgan, Levitt & Malek, 2007）。

关键是要利用©基于项目的加速行动学习来加速OPAs的创造和积累，以获得可持续的卓越业务成果。因此，工作场所中的创新要求将知识优势转化为执行能力，即有成效地（领导）和有效率地（管理）完成事情的速度。这是管理变革成功的最终关键动力，即创新是所有人每天无休地工作（Whitehurst, 2015; Hamel, 2002）。价值创新的结果必须是可衡量的，即更快（速度）、更好（性能）和更智能（成本、质量和灵活性）。

❖ 预见性

未来管理、领导力和创新者精神的三个主要成功动力是：

- 通过加速行动学习尽可能快地创建知识。
- 知识创新。
- 尽可能快速地持续改进以应对全球和国际商业环境中的变化，从而获得可持续的行动优势。

在真实的商业环境中进行项目工作，是管理者最好的学习途径。在这种商业环境中，企业作为管理学院将取代传统的管理学院。3M的能力将被植入全脑型创新者的脑中，以整合、实施、创新和持续改进来提高领导力、流程管理能力和在实体世界（物联网）中创新的能力，成为一名受尊敬的、真正杰出的专家。

❖ 创新者的T型技能

进入21世纪，许多从事制造和服务行业的婴儿潮一代感到惊讶。技术经理人不再凭自己的经验成为专家，更重要的是他们需要发展自己的T型技能。本书的这一部分旨在使我们了解T型技能与21世纪我们的就业能力、生存能力，以及残酷、多变和动荡的全球化商业环境有关，并且探讨我们的适应能力。

对于新加坡来说，当其从一个新兴的工业化国家发展成为一个发达的国家时，已有40000多名受过教育的专业人员、管理人员、工程师和技术人员（Professional、Manager、Exceatives、Technician，PMETs）。廉价劳动力和低技能的工作已转移到印度、越南、印度尼西亚等发展中国家。专门针对特定行业领域的PMETs很快发现，没有足够的工作岗位来容纳全球化影响带来的过剩生产力，创新和利益相关者的期望以及由此产生的工作机会流失了。

尽管这些PMETs被提供了许多培训课程，但问题的根源尚未确定。为了培训而培训是无用的，如创业课程。最关键的是要改变我们的思维方式。

思维是根本，但我们忘记了整体思维中的常理，这并不普遍。这些PMETs可以运用整体思维吗？

世界各地正在发生什么，导致工作迅速减少？是否可以通过闭环的系统分析，找出输入—过程—输出与监督控制之间的关系，以确保正确的KPIs得以量化，避免我们不希望出现的差异或后果？我们能否掌握正确决策的批判性思维，并减少基于不正确判断的快速决策的机会？

这些技能使投资者不顾年龄而愿意雇用更多的PMETs，因为他们被认为是称职（有效且高效）的经理人。PMETs从事的公司需要他们通过加速学习，比其他年轻或经验不足的员工更快、更好、更智能地思考计划行动。他们必须表现得像创新者，也就是说，尽管他们是雇员，但他们必须表现得像自己拥有公司那样。

这是创新者精神改变我们，让我们成为全脑敏捷经理人（敏捷创新者）的思维方式。后面几节将详细说明敏捷的含义。

❖ 创新者的特征是什么

图3-13突出显示了创新者的特征。

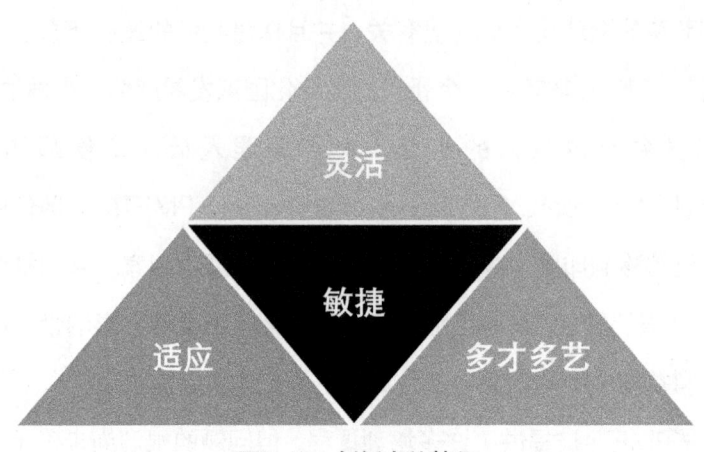

图3-13 创新者的特征

图3-14定义了什么是敏捷创新者。敏捷创新者需要满足三个条件，即知识、个人技能和战略/业务/运营绩效（取决于经理人所处的职位）。

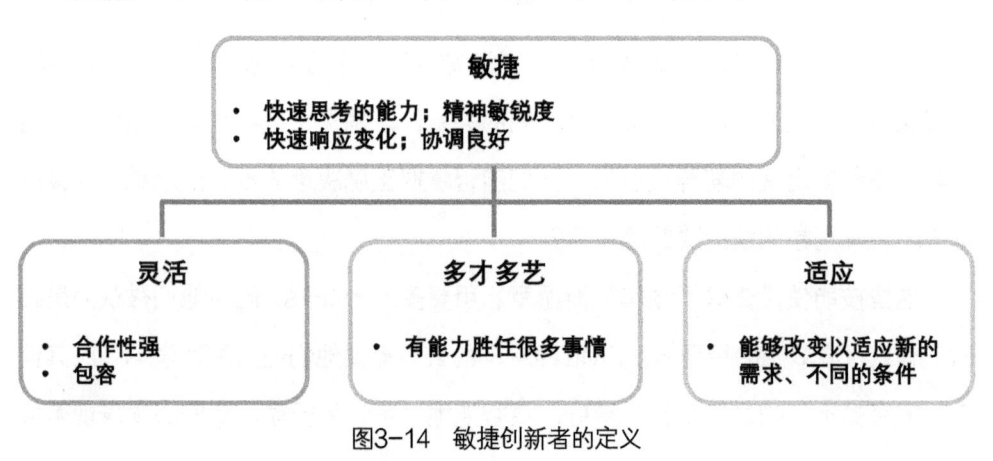

图3-14 敏捷创新者的定义

图3-15概述了敏捷创新者。

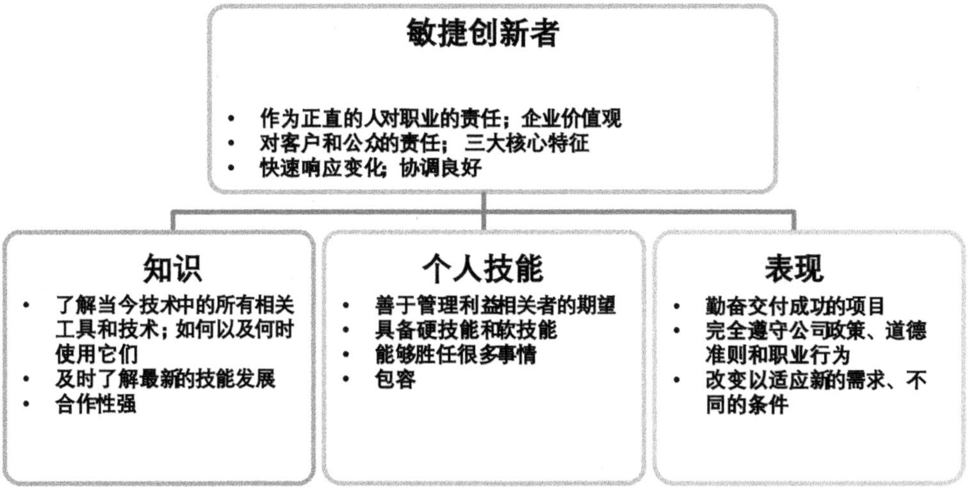

```
                        敏捷创新者
            • 作为正直的人对职业的责任；企业价值观
            • 对客户和公众的责任；三大核心特征
            • 快速响应变化；协调良好
```

知识	个人技能	表现
• 了解当今技术中的所有相关工具和技术；如何以及何时使用它们 • 及时了解最新的技能发展 • 合作性强	• 善于管理利益相关者的期望 • 具备硬技能和软技能 • 能够胜任很多事情 • 包容	• 勤奋交付成功的项目 • 完全遵守公司政策、道德准则和职业行为 • 改变以适应新的需求、不同的条件

图3-15 敏捷创新者的概述

图3-16提供了一组建议敏捷创新者拥有的核心价值观。

名目	建议敏捷创新者拥有的核心价值观			
价值观	责任	尊重	公平	诚实
价值观的定义	负责决策和行动	人员和资源的待遇	客观公正的决策	理解真理并采取基于真理的行动
描述的愿望和强制性行为	兑现承诺 遵守法律和道德准则	诚信 不辱骂 尊重资源	透明度 妥善处理利益冲突 决策的正确动机	没有欺骗 无不诚实行为

图3-16 敏捷创新者的核心价值观——经理人、领导者、创新者

在真实的商业环境中进行项目工作,
是管理者最好的学习途径。在这种商业环境中,
企业作为管理学院将取代传统的管理学院。

——本书作者

第三章 行　　动

为什么全球化使敏捷创新者成为必要

出色的敏捷创新者是从战略到运营层面的"实施者"。显而易见，敏捷创新者必须具备执行以下任务的能力。

- 使计划和项目与愿景保持一致。
- 项目论证。
- 实施项目治理政策。
- 落实并购。
- 与承包商和业务合作伙伴协商最佳服务和价格。
- 激励员工或团队成员。
- 实施实现股东价值的措施（如果公司是公开上市的或包括其他股东的）。
- 作为领导者要成为变革的推动者，必须以身作则。
- 实施组织结构和系统改革。

图3-17阐明了敏捷创新者在全球化浪潮中扮演的角色。

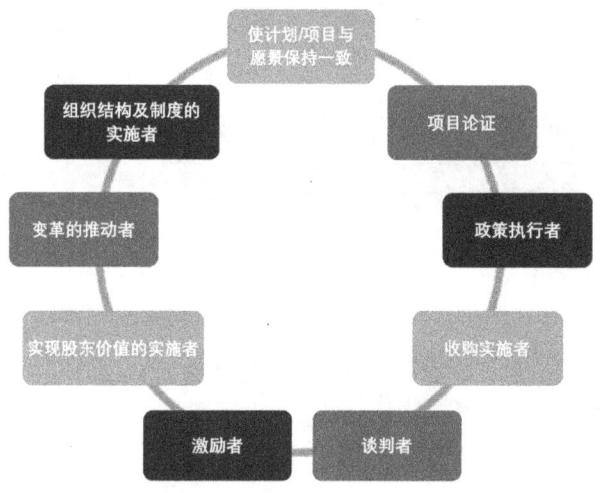

图3-17　敏捷创新者在全球化浪潮中扮演的角色

所有这些知识都可以作为理论来学习或实践吗？显然，如果要加快理论学习和实践的步伐，最有效的方法就是©基于项目的加速行动学习（边做边学）。这是工程师和医生经过培训并培养成为特许或专业专家的方式。为什么不选择创新者？成事需要双方努力，即学界和产业界，需要政府的拨款和赞助。企业管理学院是一个很好的选择（Wills，1993）。

其实，敏捷创新者的T型技能被分为七类思维技能（Smith，2007），如图3-18所示。这是七个转变阶段，它们促使敏捷创新者适应他们的行为，从而真正地熟练应对相关的T型技能，即在21世纪努力奋斗和发展全方位整合式思维。这意味着基于横向思维的整体思维、系统思维和批判性思维。

集中思考 做正确的事	• 设置优先顺序 • 找到重点 • 变得更有效
即时思维 做正确的事	• 遵循标准和程序 • 清理烂摊子 • 变得更有效率
正面思想 做得更好	• 寻找改进的方法 • 听从建议 • 帮助、辅导他人
反思思维 摆脱一些事	• 问"为什么？" • 使用 二八法则——简单化 • 停止做不重要的事情 • 持续重新聚焦
视觉思维 做别人正在做的事情	• 多注意和观察 • 了解最佳做法 • 行动前思考并计划
想象思维 做别人没有做的事情	• 考虑思考 • 问"为什么不呢？" • 结合新技术 • 关注不同之处，而不是相似之处
突破思维 做不可能做的事	• 质疑假设 • 散焦，甚至有点疯狂 • 打破常规 • 问"如果……那不是很棒吗？"

图3-18　敏捷创新者的七类思维技能

第三章 行　动

❖ 从 21 世纪的知识型经济到概念型经济

我们已经从以知识为本的经济时代发展到以概念为本的经济时代（Pink，2006），其中客户体验管理是成功的关键因素。作为公司已不再只是销售产品或服务，而是提供解决方案。公司通过采用流程驱动的客户体验管理来管理客户的期望，从而实现共赢。客户被视为合作伙伴。同样的概念也适用于管理合作伙伴，这是当前合作伙伴关系（如咨询公司）发展的趋势。

20世纪的能力构建被21世纪的能力构建所取代：

- 通过技术整合。
- 通过以结果为导向的领导力来实施。
- 通过创造出色的产品和出色的体验来满足客户期望来进行创新，以实现可持续的财务绩效，即利益相关者关系管理。

这需要全方位整合式思维，因为我们知道：

- 义务教育教我们如何更好思考。
- 高等教育教我们如何更深入地思考。
- 研究生教育教我们如何重新思考。
- 真实的商业世界教会我们如何思考、不思考、重新思考以变得更快、更好和更智能（从他人的错误中学习），并且每次结果都变得更智能。

可以肯定的是，敏捷创新者的T型技能必须不断发展，以通过开发软技能和硬技能以及可持续的卓越执行能力来优化右脑和左脑。从已故的史蒂夫·乔布斯身上学习到的智慧：换位思考——要取得成功，除了激情和毅力，全方位整合式思维至关重要。

要永久拥有财富需要结合两件事。第一个是在加速行动学习的推动下更快、更好地思考的能力，以不断积累组织资产（知识产权）。第二个是弹性优势，可以"保持饥饿和谦卑"。逆境也会带来繁荣。事实是在富人和名人的冒险中，他们中的大多数人是从逆境开始的，而逆境变成了他们的机遇之窗。

　　最终，创新者必须是一个敏捷的管理者，一个以结果为导向的领导者以及一个与技术保持同步的终身学习者（首先向不同的企业家学习，直到创新者的领域知识变得生动起来）。

教人捕鱼,他将以捕鱼终老;

教人思考,他会永远感恩。

——本书作者

第四章 实 施

谁是真正的创新者?

敏捷的全脑经理人（全方位整合式的创新者）

在新时代，业务环境在不断变化。为了表现出色，敏捷的全脑经理人需要在21世纪20年代以后在区域、跨国，甚至全球范围内开展业务。他们需要重新定义、重新发明、重新思考和重新学习，以保持相关性并实现可持续的竞争优势。可以肯定的是，中国将成为世界上最大的经济体，其次是印度和其他亚洲国家，俄罗斯或印度尼西亚预计到2030年将成为世界第五大经济体。

从整体（右脑）转变为全方位整合式（全脑）管理者的当务之急是利用©基于项目的加速行动学习来实施关键任务项目，以加快实现业务绩效，即适应得更快、更好、更智能，最终比竞争者明智。这类似于Kim & Mauborgne（2015）提倡的"蓝海战略"。与北美洲（主要指美国）和欧洲相比，亚洲的业务发展速度非常不同。困难在于我们思维方式的敏捷性和适应亚洲利益相关者期望的方式——选择适应还是灭亡。

以下三种思维（见图4-1）对于可持续业务增长以满足未来利益相关者的期望至关重要：

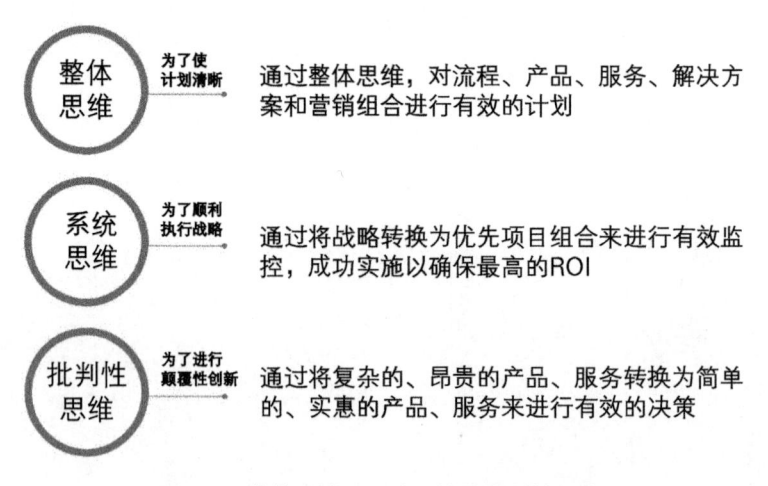

- **整体思维** — 为了使计划清晰：通过整体思维，对流程、产品、服务、解决方案和营销组合进行有效的计划

- **系统思维** — 为了顺利执行战略：通过将战略转换为优先项目组合来进行有效监控，成功实施以确保最高的ROI

- **批判性思维** — 为了进行颠覆性创新：通过将复杂的、昂贵的产品、服务转换为简单的、实惠的产品、服务来进行有效的决策

图4-1 整体思维、系统思维和批判性思维

> 创新者必须具备管理能力、领导力、
> 企业家精神和创新者精神，
> 才能真正成为世界一流的创新者。
>
> ——本书作者

整体思维、系统思维和批判性思维的基础是横向思维。横向思维通过六个不同的角度来实现有效的移情分析，解决问题，如图4-2所示。

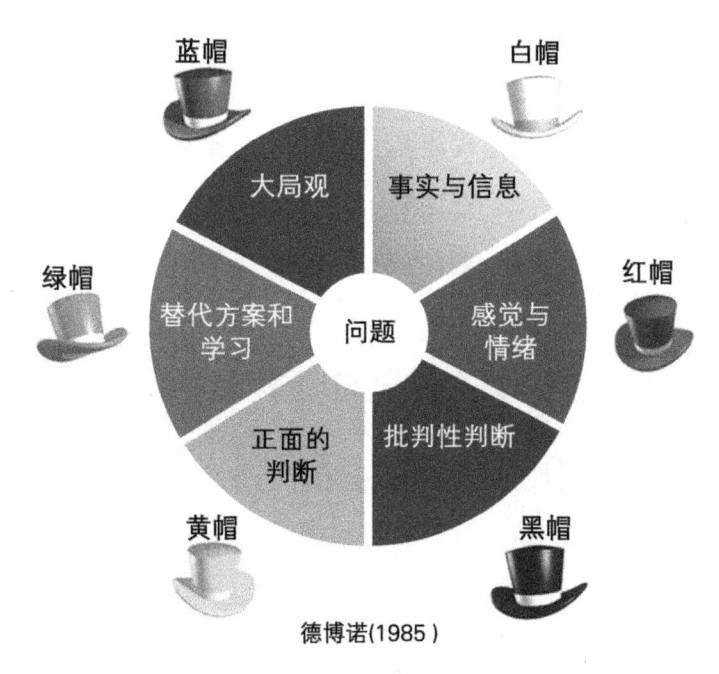

图4-2 横向思维（六顶思考帽）

本章将详细阐述在世界一流实践中，全方位整合式的创新者所需的九个关键要素：目标、人员、流程、范围、支持、进度、战略、结构、系统。

目　标

❖ 为什么需要全方位整合式的创新者

21世纪的每个管理者都需要成为一名全脑管理者，即整合右脑的优化能力（整体思维）以及左脑的理性过程和逻辑能力（系统思维），以保持敏捷和矫健。

Ghoshal & Bartlett（1997）将三种人力资本定义为创新者的"个体化公司"，作者确定了由此产生的另一种人力资本，即逆境资本（创新者的四种人力资本详见第一章图1-2）。

此外，创新者必须具备管理能力、领导力、企业家精神和创新者精神，才能真正成为世界一流的创新者。在这里，世界一流的定义与奥运会的概念相似，即只要你有资格参加奥运会的决赛，你就可以被认为是世界一流的。

> 只要你有资格参加奥运会的决赛，
> 你就可以被认为是世界一流的。
>
> ——本书作者

全方位整合式创新者的人力资本韦恩图如图4-3所示。

第四章 实　施

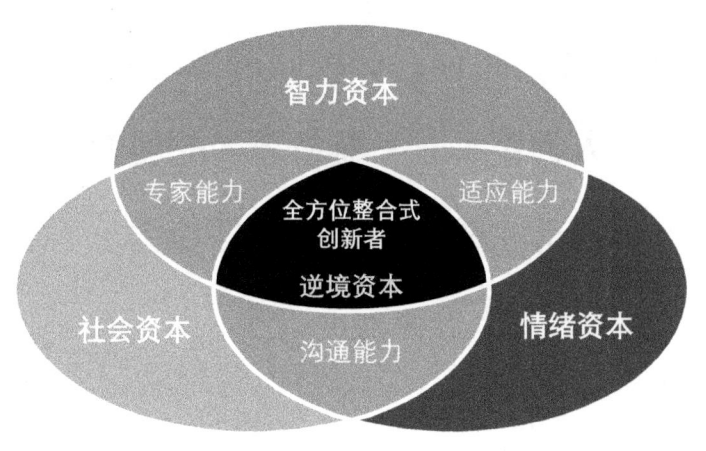

图4-3　全方位整合式创新者的人力资本韦恩图

人　员

❖ 谁是真正的全方位整合式创新者？

成功的个人会从一个有能力的个人（内省能力），一个有贡献的团队成员（人际交往能力），到一个胜任的经理人（管理能力），一个有效的领导者（组织能力），最后成为一个执行领导者（管理能力、领导力和创新技能）。一个真正的创新者是将管理能力（问题解决者）、领导力（关键变革代理人）和企业家精神（机会主义者）等特征在最佳实践的过程中均衡地融合在一起的人（Collins，2001；Covey，1992）。

尽管创新大多源于技术，但每个创新者都必须寻求发展的T型技能，如第三章所述。技术会随着时间贬值，而人的能力和概念化技能会随着经验的增长而提高。在极端条件下，技术及其产品会在一夜之间消失，就像传呼机、老式打字机、点阵打印机、宝丽来相机、柯达胶卷那样，智能手机的某些功能、笔记本电脑、平板电脑也会很快步其后尘。

> 为了生存，必须发展思考型人力资本——具备思考的能力和迅速适应变化的敏捷能力。
>
> ——本书作者

流　程

❖ 如何从能力强的个人转变为执行者的 C 级教练

人们对变革是有强烈抵触情绪的。相比于尝试调整人员，改变流程更为实际。改变流程可以带动相应人员的行为和态度发生改变，这些改变源于：

- 从做正确的事（领导）到正确地做事（管理）。
- 做得更好（管理和领导）。
- 放开一些事情（领导和管理）。
- 做别人正在做的事情（创新）。
- 做别人没有做的事情（领导和创新）。
- 做别人无法做的事情（创新、领导和管理）。

这条道路是渐进的、艰难的，不能在短时间内完成。如果企业没有有利的、挑战性的、富有人文关怀的和相互合作的文化，就很难诞生潜在的创新者。无论是初级创新者还是高级创新者，相互信任和坚定的财富分享都是十分重要的，对于董事会来说，这也是实现双赢的至关重要的因素。

范　围

❖ 全方位整合式创新者的"是与否"

本章阐述了全方位整合式创新者所要具备的要素，以帮助企业实现其未来所需的整合、实施，创新和持续改进的能力，这也正是反映创新者的管理能力、领导力、企业家精神和创新者精神的主要晴雨表。这些要素能保证全方位整合式创新者以行动为导向，对他们的决策负责，并表现出谦虚和具有同理心的正确态度。创新者更须通过终身学习来消除自满，不断地应对变化（Hamel，2007），这也是至关重要的。

支　持

随着组织不断发展成熟，我们应该怎样将管理能力、领导力和企业家精神结合起来成为创新者精神？

组织往往会经历五个成熟阶段和三个危机阶段。组织成熟度的五个阶段是：

1. 临时
2. 计划
3. 管理
4. 整合
5. 优化

图4-4显示了这些阶段及其过程。图4-5显示了从"开拓阶段"到"系统化

阶段",再到"整合阶段"的三个组织成长主要阶段。

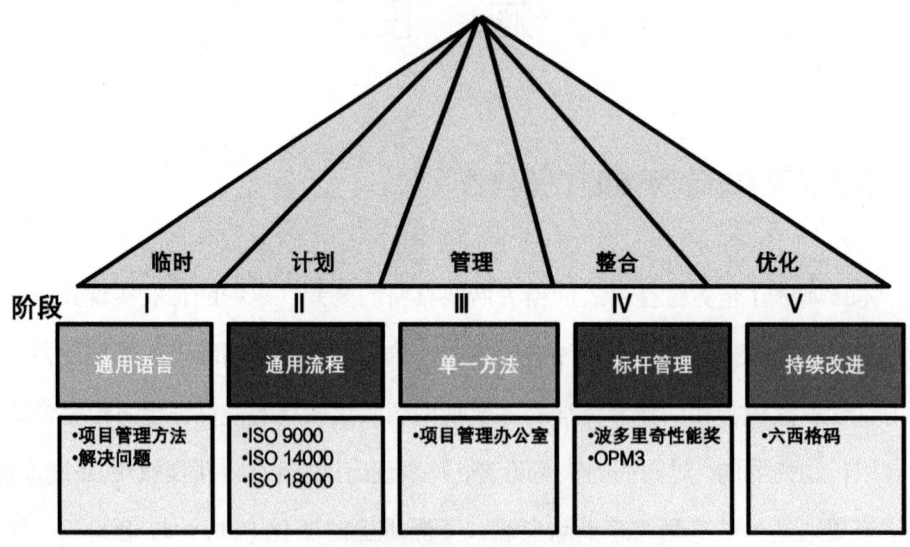

阶段	I 临时	II 计划	III 管理	IV 整合	V 优化
	通用语言	通用流程	单一方法	标杆管理	持续改进
	·项目管理方法 ·解决问题	·ISO 9000 ·ISO 14000 ·ISO 18000	·项目管理办公室	·波多里奇性能奖 ·OPM3	·六西格码

注：OPM3是项目管理协会的组织项目管理成熟度模型第3版

图4-4 组织成熟度生命周期的五个阶段

创新者
很少人
忠诚与温暖
不拘礼节
快速增长

开拓阶段

"它变得太大了"
"我们需要指导"
"救火太多了"
"不清楚优先事项"

危机/机遇

管理
清晰的系统
一致性
组织结构图
专业功能
正式/官僚

系统化阶段

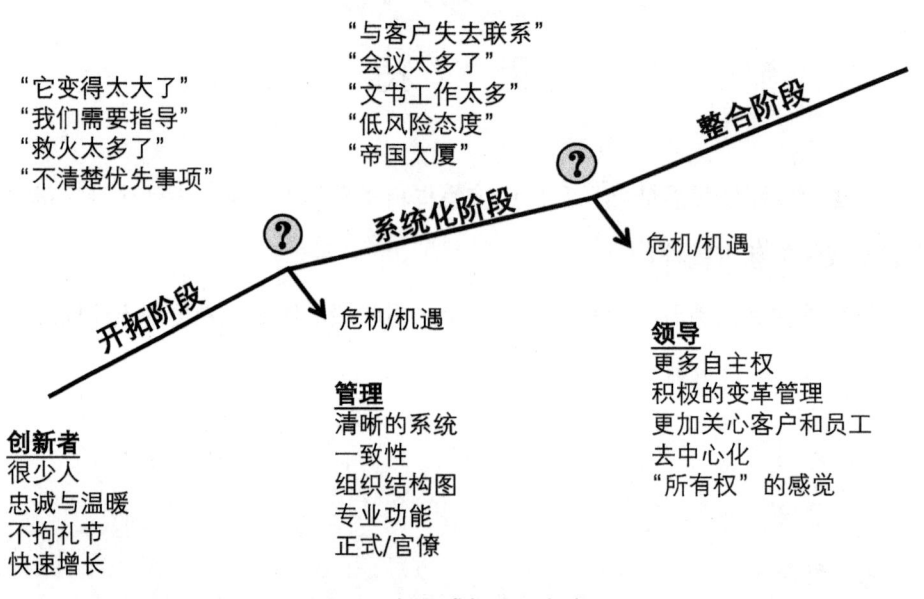

"与客户失去联系"
"会议太多了"
"文书工作太多"
"低风险态度"
"帝国大厦"

危机/机遇

整合阶段

领导
更多自主权
积极的变革管理
更加关心客户和员工
去中心化
"所有权"的感觉

图4-5 组织成长的三个阶段

在本质上，组织成长的三个主要阶段是：

第四章 实　施

- 开拓阶段——从临时到计划。
- 系统化阶段——从管理到整合。
- 整合阶段——最终成熟阶段——成功优化。

整个组织成熟过程需要通过组织发展或计划的变更来满足二八法则，即"20%的员工贡献了80%的绩效"。因此，投资时间和资金来聘请可教导的员工至关重要，使其可以进一步发展成为具备思考型人力资本的创新者。如果员工不能接受教导，他们就可能会对公司的价值观、使命、愿景持消极态度。管理能力、领导力、企业家精神三者结合形成创新者精神，创新者精神从强大的智力资本发展而来，并进一步发展成为三种人力资本（智力资本、社会资本和情绪资本）的平衡体，最后需要结合逆境资本，才能培养出能够持续成功的创新者，即在竞争中生存下来的最后一个创新者便是赢家（Porras，2007；Collins & Porras，2004）。

> **管理能力、领导力和企业家精神三者结合形成创新者精神，创新者精神从强大的智力资本发展而来，并进一步发展成为三种人力资本（智力资本、社会资本和情绪资本）的平衡体。**
>
> ——本书作者

进 度

❖ **一个组织何时会达到成熟水平**

组织的成熟阶段是水平发展的。金字塔式的组织结构包括管理层次结构中的不同梯队,即高级、中级和初级管理人员。这三个层次需要同步并肩,否则目标、目的、指标和方向会错位,这将阻碍组织绩效能力的优化。

创新者通常在一个平坦等级的项目架构中运作。每个人都向首席执行官汇报,而首席执行官则兼任首席项目执行官,只专注于优先项目和任务关键型的项目,在这些项目中,管理能力、领导力和企业家精神可以凝聚为创新者精神,并作为一个整体运作。组织成熟度的五个阶段内涵见表4-1。

表 4-1 组织成熟度的五个阶段内涵

阶段	重点	内涵
1	通用语言	"七何式"解决问题(5W2H):何事(What),何因(Why),何时(When),何地(Where),何人(Who),如何(How),何价(How much)。◎基于项目的加速行动学习(通过实践来弥补理论与实践之间的差距)
2	通用流程	实施诸如ISO之类的行业标准,以从临时过渡到计划
3	单一方法	植入项目管理办公室,以在整个组织和子公司中实施最佳实践方法
4	标杆管理	根据原始国家/地区的标准进行最佳实践审计,如美国的鲍德里奇国家质量奖、新加坡质量奖、欧洲质量奖和日本的戴明奖。使用公正的、基于证据的管理系统来鉴定和证明企业与主要竞争对手相比是否达到了世界一流的卓越业务标准。公正的标准将使技术创新组织保持竞争力
5	持续改进	必须持续改进以取得突破性的结果,并达到组织成熟度的最终优化阶段,即成为优秀公司的缩影(超越世界级或"奥林匹克"标准)

GE、3M和Honeywell这样的企业已经实施了六西格玛或精益六西格玛来进行持续改进，从增量型组织（效率创新）向业务流程再造型组织（有效创新）发展，再进一步发展为最"蛮横"的颠覆性创新。创新涉及风险，失败的污名不应给创新项目或创新倡议造成任何困境和障碍。不怕冒险的创新者常常得不到股东的全力支持。许多创新者的计划失败了，但是更多的创新者没有计划。因此，发掘和培养创新者的时间被拉长了。

战　　略

❖ 如何建立全方位整合式创新者库

全方位整合式创新者是通过©基于项目的加速行动学习来培养的，成功的加速行动学习满足了项目的多样性、复杂性、形式和规模。因此，让项目成为培养创新者精神的学校，将发展创新的组织文化，提高组织的执行能力，以打造并维持其最终的竞争优势。

> 能力=知识×技能×态度×行动×问责
>
> 培养一批具天分的创新者需花费大量时间，
>
> 第一步是确定创新者精神的流程。
>
> ——本书作者

企业应该帮助具有潜力成为创新者的新兴技术人员发展上述人力资本，亦有必要从难以教导的人中识别出那些有可能接受教导的人。

管理思考型人力资本动态的策略包括重新考虑和重新塑造利益相关者的期望管理，该策略必须使每个利益相关者都能满意。数量可以通过纯粹的教育来实现，但世界一流的创新者的素质是不能打折的。例如，我们可以统计有多少毕业生能够获得创新资格，但更好的KPIs是查看毕业生完成学业后会发生什么——他们学到的知识能否使他们成功并成为精明的创新者。英语中有一句谚语："The proof of the pudding is in the eating（布丁的好坏在于吃了才知道）"，对于商业教育来说，这意味着课程设计的好坏并不那么重要，重要的是课程是否激发了具有正确商业思维的真正的创新者！创新者追求的是梦想而不是证书，有梦想是致富的第一步。

> 创新者追求的是梦想而不是证书，
> 有梦想是致富的第一步。
>
> ——本书作者

结　　构

❖ 如何组织资源和设置组织结构才能使生产率最大化

组织重组是支持战略的关键。结构和资源的组织要遵循战略。矩阵式组织结构无法应对全球化、技术发展和利益相关者期望的持续快速变化。矩阵组织和项目化结构的结合将最大限度地降低间接成本，并将重点放在改善关键项目的绩效上。通过最大化生产率来实现最高的ROI，创造更高的盈利能力。组织的结构、战略和文化是相互联系和重叠的。图4-6显示了客户体验管理策略下组织结构、战略和文化的重叠和互联（韦恩图）。

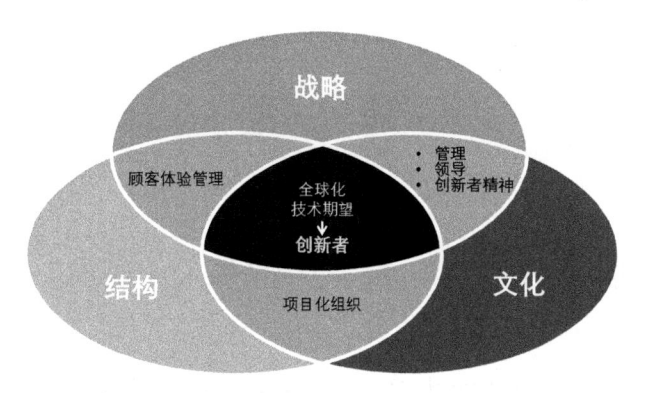

图4-6 客户体验管理策略下组织结构、战略和文化的韦恩图

系 统

❖ 如何衡量正确的KPIs

组织的结果需要根据战略（输入）不断监督和控制。输入战略，并将其转化为优先的计划和项目组合。项目能否成功实施取决于如何优化资源和组织结构以支持战略。战略的执行能力取决于思考型人力资本的创新者精神绩效文化，即培养和善用具有管理能力、领导力和企业家精神的，集经验、知识、技能于一体的，以及对行动和问责有着正确态度的全方位整合式创新者。

企业往往很难找到能够用来衡量软技能的KPIs。为了将定性分析转换为定量分析，应谨慎地选择那些会被KPIs影响收入的人作为KPIs制定者。

> 极力追求加速学习能力，却不实践行动学习的企业，终将面临灭亡。
>
> ——本书作者

结　语

❖ 有什么新消息

价值观不变，管理者的能力却在不断变化的业务环境中发生变化。全方位整合式创新者有能力带领企业通过适应、沟通和提升，增强整合、实施、创新和持续改进的能力，最终向着以下七个胜利指标前进：

1. 市场地位
2. 财务绩效
3. 资源
4. 创新
5. 生产率
6. 管理发展
7. 员工表现和态度

可以肯定的是，每个企业的结果都可以通过其所在区域、国际甚至全球范围内参与竞争的全方位整合式创新者的数量和质量来衡量。这些才华横溢的创新者负责改善组织的绩效文化，以实现可持续的执行能力作为最终的绩效指标。在残酷而动荡的商业环境中，学习的速度必须比全球化引起变化的速度更快。极力追求加速学习能力，却不实践行动学习的企业将面临灭亡。未来创新者的典型特征（我们思考和工作的方式）如图4-7所示。

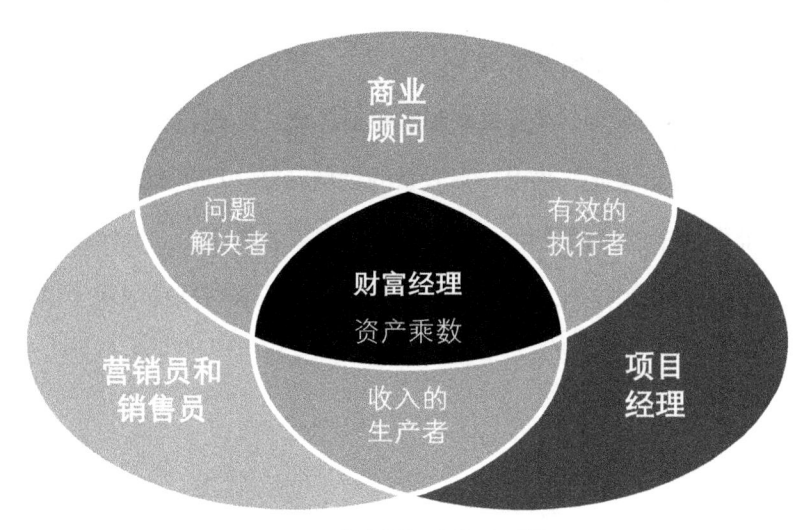

图4-7 未来创新者的典型特征

未来创新者必须在以下三种身份上具有出色的表现:

- 项目经理和有效的执行者,能够处理多个项目。这是由于他具有同时处理多项工作和善于协调的能力。
- 商业顾问和问题解决者。他会提供正确的战略以及可以实施的正确解决方案,即掌握©基于项目的加速行动学习方法,提出正确的问题并获得正确的答案以确定问题的根源。
- 成功的营销员和销售员。他会最大限度地利用机会从国内、国际市场中创收,实现交叉补贴效应——当企业在国际细分市场的一部分营收下降时,用来自该市场其他部分的营收来补贴企业维持业务的间接费用。

最关键的是,如果没有财富管理,以上所有努力都是徒劳的。创新者必须能够管理和增加资产。例如,沃伦·比埃特便是比尔·盖茨的财富管理人,但很少有其他创新者可以使用比埃特的服务。因此,创新者必须学习如何成为自己的财富管理人,让自己即便在睡着时也能积累财富。俗话说:"金钱不是万能的,但没有金钱是万万不能的。"

回想一下著名作家J. K.罗琳的冒险经历——知识或专业能力在转化为财富之前是无足轻重的。其他两个相互关联和重叠的因素：一是与财团建立融洽关系并结成战略联盟和用于管理利益相关者关系的全球网络；二是加速行动学习，以应对VUCA商业环境中的持续变化，因为在第四次工业革命中，全球化的残酷力量冲击着自我适应的学习能力。最终，创新者能维持多长时间将取决于他的弹性或毅力。

事实令人信服,意见令人迷惑。
所有组织价值必须是可衡量的,
任何无法衡量的事情都难以管理/控制。

——本书作者

第五章 巩　　固

我们应该何时倍增创新者精神?

企业创新者学院（Enterprise School of Innopreneurship，ESI）是通过政府和商业资源提供财政和人力资本援助，以有效培养创新者和建立世界一流的创新者库的替代方案之一。

ESI有权在成功的创新者的指导下，为学员进行相关和有效的能力构建，以实现培育足够数量的世界一流创新者的累积效应。学习曲线使一线技术人员可以发展其第二曲线。这将让已经成功的创新者从繁忙的日常工作中解放出来，直到需要他们做出贡献来培养下一代创新者时再介入。

这将在企业内引起共鸣，并可能说服优柔寡断的员工转变为创新者，而不是焦虑于目前的工作。建立ESI是一个重要的决定。但可以肯定的是，不这样做的国家将面临经济增速放缓的后果，因为每个人都在等待政府或商业世界创造适合他们的工作，而不是主动适应变化。自满情绪会像病毒一样传播，这种综合征可能发生在任何大国，包括英国、美国、日本等。的确，矛盾已经产生了（Gratton，2011）。

想象一下财富如山的成功创新者，如果他们的创新知识随风而逝，那么其家族的财富很难传承三代。原因是：

- 第一代人赚了所有的钱。
- 第二代人花了所有的钱。
- 第三代人借了所有的钱。

通过应用ESI的概念，创新者可以分配和转化他们的知识，这些知识可以被共享和传授，使许多崭露头角的企业家和技术人员受益。世界上缺少具有丰富精神的杰出创新者。我们需要这些人为社会做出贡献（带动具有价值的社会创新者精神）、为企业做出贡献（在企业大学等内部机构创建ESI），并推动国家向前发展。不能实现这种倍增效应的国家将走上堕落之路。许多发达国家已经变得自满，并倾向于以自我为中心。发展中国家很快就会赶上，因为他们想要更高的生活水平和更好的生活质量，并将努力实现这一目标。这是自然现象。

分享可以激发思想。授权来自真正©基于项目的加速行动学习和指导组织，而每个人都可以成为赢家，问题是："作为还是不作为？"

到现在为止，很明显，在现实世界中，企业家和创新者之间的重叠部分越来越多，因为技术正在影响各行各业的每个人。技术统治着世界，一切都与技术连接在一起。不将自己转变成创新者的企业家可能会落后于数字化的商业世界，并受到工业革命的巨大冲击。教育也不会幸免。

数字化学习已成为潮流，重新定义和重新塑造了学习方式，并给不愿意跟上技术发展的教师和讲师造成巨大损失。正确使用技术将使执行变得更快、更好、更便宜、更智能。总而言之，未来是创新者精神代替企业家精神的时代。

从创新者精神是现代企业家精神这一假设出发，我们可以看到这一理论被新加坡的企业应用，例子包括Osim（生产按摩椅的智能工厂），Bread Talk（生产糕点和面包店全自动设备的工厂），Nippon Paint（生产白色耐擦洗涂料的计算机集成制造工厂），City Developments Limited（城市发展集团，致力于建筑自动化）。为了保持与时俱进和竞争力，它们必须转向自动化，否则将面临灭亡。

创新者的培训和发展应着重于弥合理论与实践之间的差距。©基于项目的加速行动学习是培育萌芽期创新者的最有效、最务实的方式之一，因其能够在以下方面发挥作用：

- 提高个人学习能力。
- 通过团队学习提高了生产力，因而提高了整个团队的能力。
- 发挥组织中每个人的协同作用，从而强化了组织的执行能力。

行动学习的目标是通过基于项目的团队行动指导和教学，加速学习，使跨国公司和中小型企业的绩效达到世界一流的水准（Owen，2016）。

> 若不将自己转变为创新者，
>
> 就会因为落后于数字化商业世界与受到
>
> 工业革命的巨大冲击而面临被淘汰的风险。
>
> ——本书作者

本书提供了一种全方位整合式思维模式，作为教育、咨询和指导创新者的基础。在已成为世界一流的先进且可持续发展的企业中，许多管理者和员工已接受过使用最佳工具的相关培训。这些企业包括印度尼西亚的Sinar Mas Group（金光集团），日本Fujitsu公司的泰国分支机构，日本跨国公司Okuma Corporation（大隈株式会社）的东南亚分支机构，Husky（赫斯基能源公司）的亚太地区分支机构，马来西亚的Asia Furniture公司等。

每个拥有前瞻性的企业，其愿景都是通过投资于组织学习、个人和团队发展来实现最高绩效，提升价值。ESI使企业可以将工作中的专业人员、技术人员和管理者作为行动学习者进行认证。他们的组织价值是获得成功、通过可扩展的成功维持成功、以创新者的身份回馈社会从而发挥重要作用。

为了保持与时俱进和竞争力，我们必须适应全球化和技术发展的影响，从而在由体验经济到概念经济的过渡中脱颖而出，同时考虑战略、业务和运营方面的挑战。我们不能使用零散的方法来解决问题或应对风险。为此，作者开发了十大整合式创新管理工具，帮助企业在这个VUCA时代重新出发。

❖ 微笑曲线

微笑曲线是显示产品或服务增值的创新管理工具。当涉及业务部门的合理化时，此工具非常有用。根据成本效益衡量每项活动的想法几乎适用于所有工作情况。图5-1显示了管理咨询工作中的微笑曲线。

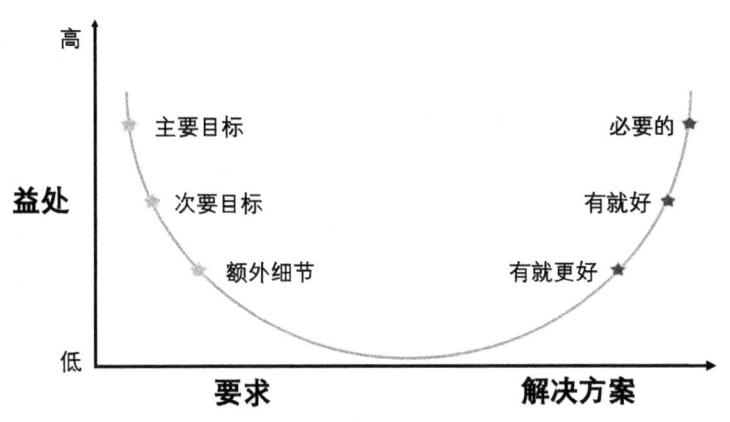

第五章 巩　固

图5-1　管理咨询工作中的微笑曲线

注：改编自施振荣(2001)《成长为全球：企业愿景大师班》

❖ 概念图

如图5-2所示的概念图是用于建立创新想法结构的强大工具，它清晰地展示了：

- 想法的目的。
- 范例。
- 说明想法的项目。

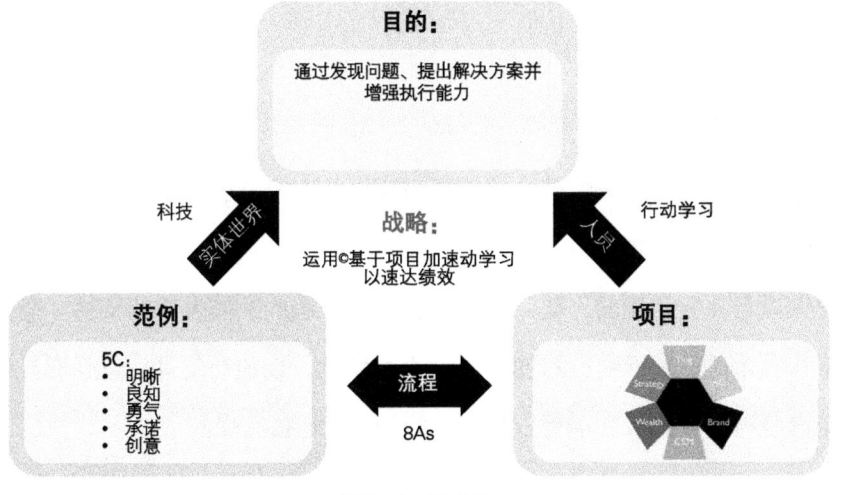

图5-2　概念图

概念图使利益相关者能够基于人员、流程和实体世界的关系更轻松地理解一个想法。它还指出了实现该想法的策略。

创新者需要具备多功能性，可以兼任业务和管理顾问，并通过发现问题、提出解决方案和提高执行能力来教导客户。他们需要肩负各种项目，包括：

- 培训。
- 人力资本发展。
- 品牌推广。
- 客户期望管理。
- 企业风险、财务和财富管理。
- 设计、开发、执行、控制一致的连贯战略：将战略转化为优先的计划和项目组合，通过执行和控制成功实施战略。

管理咨询范例的5C框架内涵如下：

- 清晰（Clarity）。
- 良知（Conscience）。
- 勇气（Courage）。
- 承诺（Commitment）。
- 创造力（Creativity）。

通过这种方式，全方位整合式创新者可以为客户终生贡献并创造商业价值创新（Sheth & Soda，2002）。

这些项目需要正确的人员、正确的流程和正确的实体世界的支持。管理顾问必须向学员灌输©基于项目的加速行动学习理念，以执行纪律。图5-3显示了使他们能够执行并复盘成功项目以提高执行速度的8As流程。

第五章 巩固

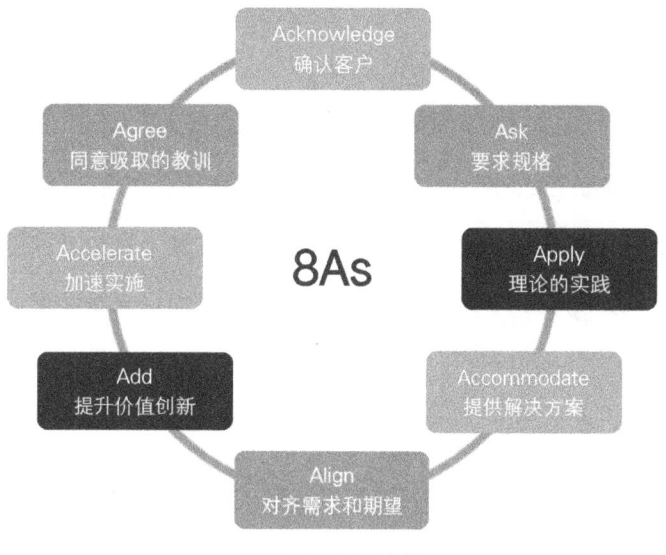

图5-3 8As流程

在业务兼管理的咨询领域，8As流程如下：

- 步骤1：确认客户。包括了解客户的背景、业务、优势和劣势。
- 步骤2：要求规格。找出客户的需求和期望，以确定问题的根源。
- 步骤3：理论实践。战略的关键在于是否找到真正有效的方法。
- 步骤4：提供解决方案。提供一个解决方案不一定是顾问工作的终点。
- 步骤5：对齐需求和期望。顾问提供的解决方案与客户需求和期望之间的一致性是成功的关键因素。顾问要定期召开会议，以最大程度地减少交流障碍。
- 步骤6：提升价值创新。提供完整的解决方案，而不是零碎地处理问题。
- 步骤7：加速实施。双方在项目结束之前就项目完成标准达成一致，并且把汲取的教训转化为企业的知识产权，在团队合作的便利研讨会中进行学习。
- 步骤8：同意汲取的教训。管理顾问的核心在于与客户保持一致的自我认知。创新者需要如管理顾问般人性化。

创新者的6As流程是：

> - 认知（Awareness）——沟通、共识和承诺（我知道）。
> - 对齐（Alignment）——共同的目标、明确性和信念（我们了解）。
> - 行动（Action）——执行过程中流程的所有权（我们可以）。
> - 实施（Adoption）——得到利益相关者的认同以克服改变的阻力（我们改变）。
> - 巩固（Assurance）——执行能力和执行速度得到保证和优化（我们要）。
> - 预测（Anticipation）——应对风险和不利状况的计划（我们关心）。

❖ 九宫格解决方案

九宫格解决方案是用于概念化的更详细、更强大的工具。它由九个相互关联的元素组成，帮助客户理解SMART的概念——具有明确性、可衡量性、可实现性、相关性和时限性。

创新者可以采用这种整体方法，将概念化技能提高到更高层次。九宫格解决方案囊括与正在讨论或调查的主题相关的所有基本元素和信息。

九宫格解决方案的详细说明如图5-4所示。

❖ 主题之屋

主题之屋描绘了主题的基本点（房子的基础）、支撑点（房子的支柱），以及主题的最终目的和核心价值（房子的屋顶）。通过设置明确的主题范围，即"必须知道什么""应该知道什么""需要知道什么"，客户可以更轻松地理解主题。主题之屋如图5-5所示。

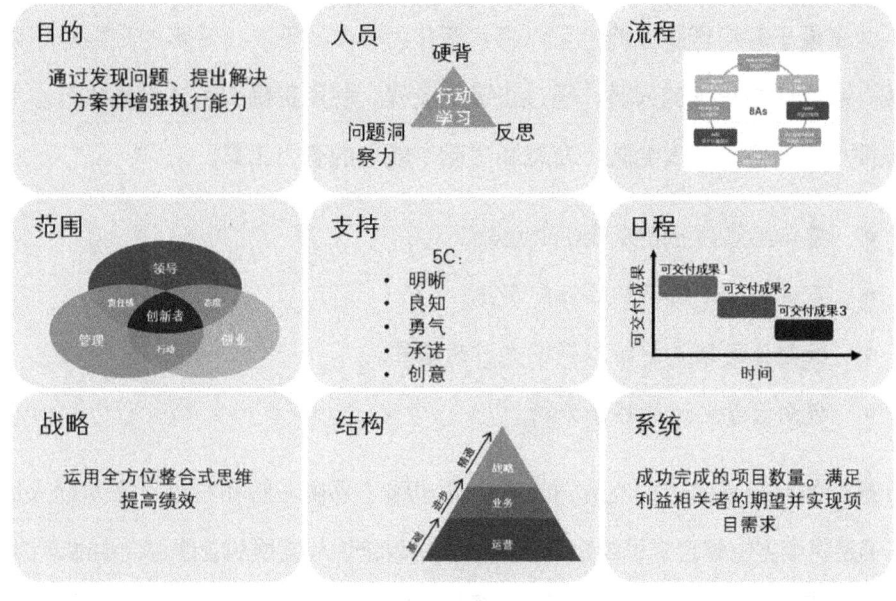

图5-4 九宫格解决方案

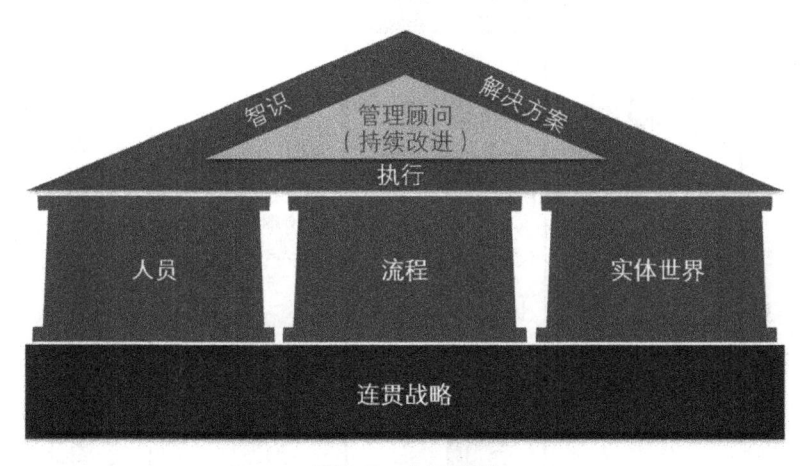

图5-5 主题之屋

❖ 全方位整合式思维矩阵

全方位整合式思维矩阵是满足和描绘四种核心思维的创新管理工具，以整体思维、系统思维、批判性思维和横向思维为基础。这四种思维的融合被称为全方位整合式思维（全脑思维）。

为了便于客户理解战略，可以将其简化为一个矩阵。该矩阵的范围基于以下事实：战略应由正确的人员，通过正确的流程，利用正确的实体世界执行。尽管它很简单，但它是开发全脑（左脑和右脑）能力的有力工具。

- 整体思维是整合众多小的想法。
- 系统思维是展示想法如何实施。
- 批判性思维是创新以获得更好的结果。
- 横向思考是进行移情分析。

最终的目标是通过树立全方位整合式思维（平衡左脑和右脑）来激励人们。图5-6是将全方位整合式思维矩阵应用于创新者培训和发展的管理咨询中的示例。

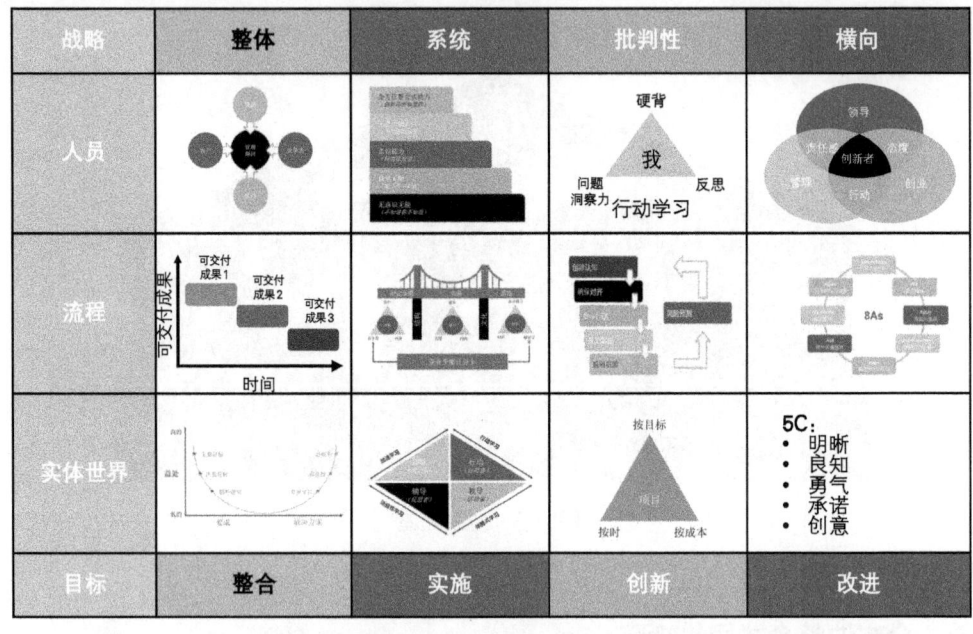

战略	整体	系统	批判性	横向
人员				
流程				
实体世界				
目标	整合	实施	创新	改进

图5-6 将全方位整合式思维矩阵应用于创新者培训和发展的管理咨询中的示例

❖ 创新和运营能力模块

创新和运营能力模块的构成要素如图5-7所示,该工具旨在提高组织能力、团队能力以及个人的态度、技能和能力。创新和运营能力的发展可分为以下几个阶段:

- 初学者(无意识无能)。
- 学习者(自觉无能)。
- 学徒(意识能力)。
- 专家(无意识能力)。
- 大师(全方位整合式能力)。

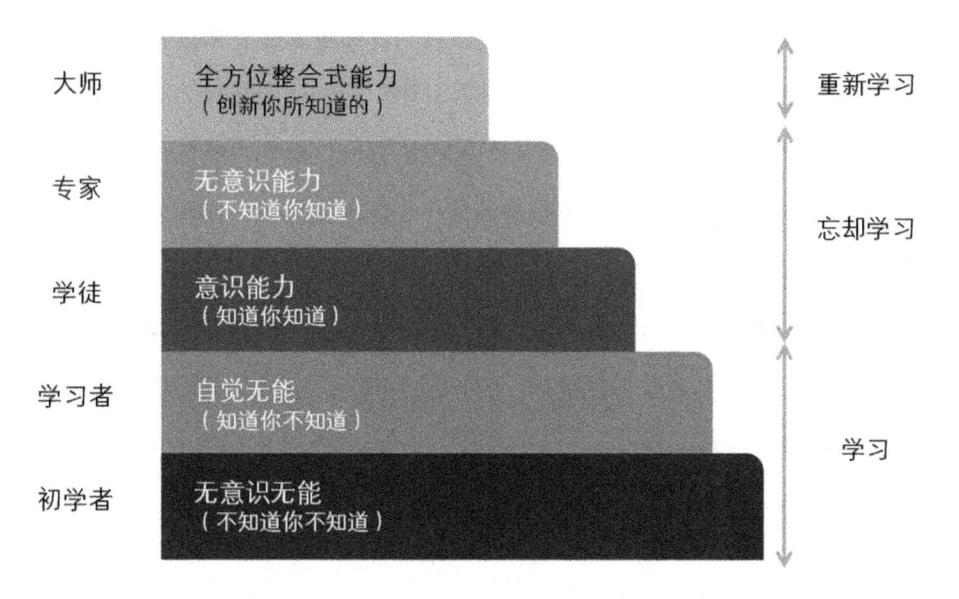

图5-7 创新和运营能力模块能力的构成要素

初学者——初学的创新者不了解某个技能领域的存在或相关性,甚至可能否认其相关性或有用性。全面收集该专业的可用知识领域将帮助初学者识别其不足之处，以便他们确定如何获得技能并成为学习者。

学习者——学习中的创新者了解某项技能的存在和相关性，尝试和未能执行缺少的技能会暴露其在这方面的不足。当其渴望学习时，就会产生对知识的渴望。现阶段的创新者迫切需要获取相关的知识和培训。

学徒——学徒级的创新者需要集中精力有意识地执行某项技能，但仍然缺乏对技能的直观控制。知识是靠收集得来的，需要反复实践才能得心应手。帮助学徒进行标准化训练将缩短新能力取代潜意识能力所需的时间。

专家——专家级的创新者无须任何考虑就能施展技能。他们使用技能变得如此自然，以至于可以信手拈来。这是精通技能的阶段，这时技能开始转变为艺术，而专家开始转变为大师。

只有少数专家级的创新者有足够的奉献精神来分享知识、技能和丰富的经验，以教授潜在的或崭露头角的创新者。专家级的创新者必须克服这种人性弱点，否则企业或社会中将没有足够的关键变革推动者。他们还需要毅力和热情，以促进培养创新者精神的战略意图，使他们的国家更强大。他们也需要耐力，以便在未来50年内能够保持下去。企业家精神能使一个国家更伟大，创新者精神能使一个国家更强。

最终，创新者将达到顶峰，成为真正的（大师级）创新者。当他们能够以全方位整合式思维来提高自己的能力，从而成为顾问、教育家和C级教练时，就会发生这种情况。

❖ 知—行—教—导循环

知—行—教—导循环是一种持续学习的创新管理工具，如图5-8所示，它能使一个人同时使用左脑和右脑，成为一个全方位整合式的创新者（敏捷的全脑管理者）。

持续学习的各个阶段如下：

- 第一阶段：知道——在应用这些理论和概念之前，先了解和理解它们。
- 第二阶段：行动——努力将理论应用到诸如管理项目之类的良好范例中。从知道阶段过渡到行动阶段要靠基于项目的加速行动学习或在现实世界中边做边学。
- 第三阶段：教育——共享知识，探索新思想并将新知识付诸实践。从行动阶段过渡到教育阶段要通过将经验教育转化为专家力量来进行体验式学习。
- 第四阶段：辅导——抛弃所学过程的开始。教育阶段至辅导阶段的过渡需要通过适应性学习产生倍增效果，比前人更快、更好、更智能，从而将人的能力提升至极致，甚至超越世界一流水平。

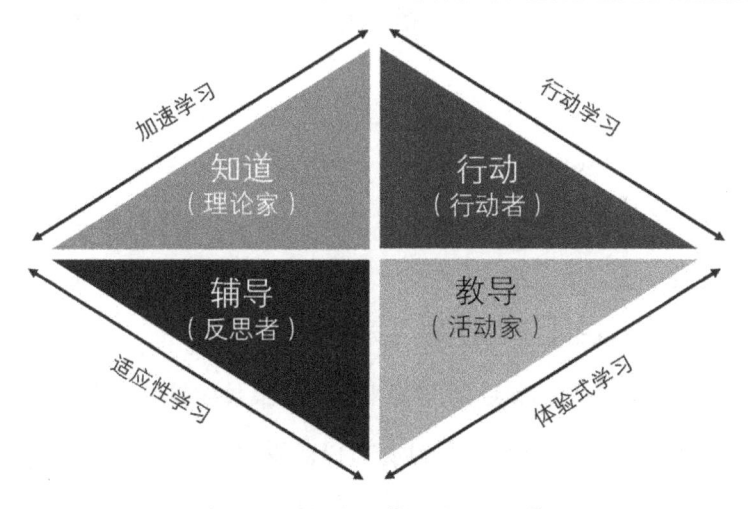

图5-8 知—行—教—导学习周期

进入辅导阶段后，学习不会终止，因为学习必须是连续的。就像创新循环那样，在创新之后，必须先进行革新，再进行破坏，最后进行更具颠覆性的创新。从辅导阶段到知道阶段的过程是最重要的。一个人必须放下旧知识并重新学习新知识，以加快学习速度。

> 最大的困难不是说服人们接受新想法，
>
> 而是说服他们放弃旧思想。
>
> ——约翰·梅纳德·凯恩斯

一个创新者必须经历以上所有阶段，并且永不停止学习循环，才能借着不停教导客户来达到管理他们的期望、发现他们的问题、提供解决方案并提高他们的执行能力的目的。此迭代过程可以防止自满。

❖ 利益相关者的沟通管理——6As 流程

图5-9所示的6As流程是与利益相关者沟通以连接、参与和管理利益相关者期望的最重要的创新管理工具之一。

- 创建认知（Awareness）：与客户举行初步会议，这很关键。
- 确保对齐（Alignment）：促成研讨会，以确保建议的解决方案和客户需求保持一致。
- 参与行动（Action）：执行解决方案。
- 鼓励实施（Adoption）：举行定期会议以监控被接受的方案的执行进度。
- 启动巩固（Assurance）：继续努力以获得所需的结果。
- 预测风险（Anticipation）：整个过程中都应注意可能的风险。风险是不确定的事件或条件，如果发生风险，就会对一个或多个项目的目标、范围、进度、质量、成本等产生正面（机会）或负面（威胁）的影响。还要考虑国家/政治风险、货币兑换/波动风险、市场/商业风险、文化/宗教风险。

第五章 巩 固

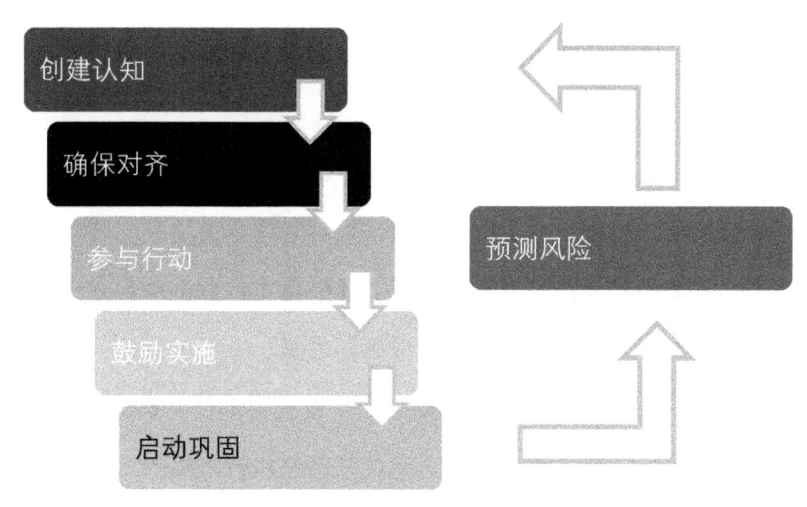

图5-9 6As流程

❖ 战略-实施-落地-度量（S-I-O-M）模型

S-I-O-M模型是确保完成的工作始终在正确的层面上运行的创新管理工具，如图5-10所示。

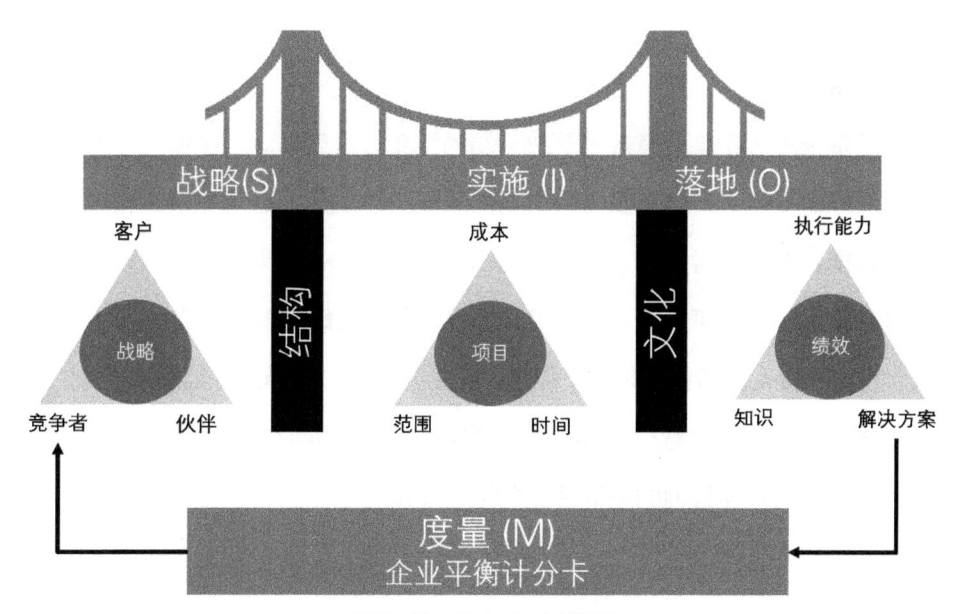

图5-10 S-I-O-M模型

· 93 ·

在战略层面，确定了战略方向。这些任务的层次非常高，将影响整个公司的战略方向。

在实施层面，关注的是如何实施战略。战略方向已经确定，但可能超出了项目管理要素的范围。因此，在实施战略时，项目管理至关重要。成功的关键是良好应对范围、成本和时间这三重约束因素。这样就可以保证项目管理在详细计划中达到清晰的水平，以达到商定的交付成果和质量。

在落地层面，行动的目的是"显示结果"。这些落地任务是基本的，但是，如果不采取行动，就永远无法完成任务。完成任务是执行战略的结果。此层面上的所有任务均应支持战略目标。

这是所有组织都应该擅长的三个活动层次。从整体上讲，应确保股东的投资从战略上可接受的计划和项目转变为财务上明智的执行（实施）和战术上可行的创新行动（落地）。但是，需要使用企业平衡计分卡以正确的KPIs度量完成的工作。同时应该考虑人员、流程和实体世界的配合，以确保将战略转换为理想的业务成果。

❖ 闭环系统图

闭环系统图是简单而有效地解决问题的创新管理工具。就像输入—处理—输出流程那样简单，在开始寻找解决方案并采取行动之前，必须先确定输出。没有确定的输出，就会面对"输入垃圾，输出也是垃圾"的后果。

确定输出和所有可用输入后，下一步就是寻找可能的解决方案，以进行增值/转换，将输入转化为所需的输出。但是，最重要的部分实际上是监督和控制过程，以识别理论与实践、战略与执行之间的差距，并就汲取的教训达成共识。

创新者进行管理咨询的闭环系统如图5-11所示。

第五章 巩　　固

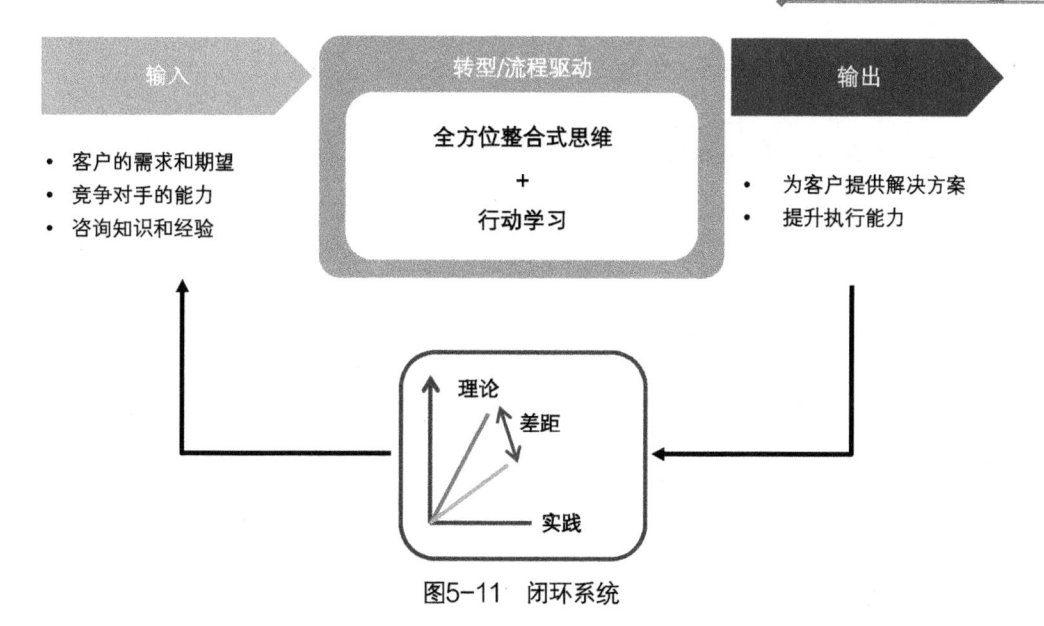

图5-11 闭环系统

总之，创新的关键使命可概括为4个"S"，如图5-12所示：

- 成功（Success）。
- 员工满意度（Staff satisfaction）。
- 为客户服务（Service for client）。
- 伙伴关系结构（Structure for partnership）。

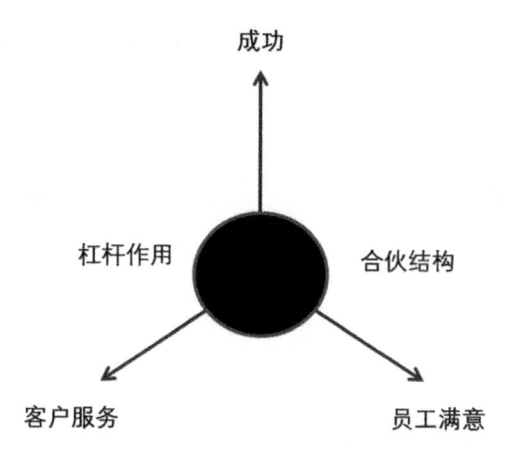

图5-12 创新的关键使命（4S）

创新管理的成功基于3个"E":

- 专业知识（Expertise）——质量超越世界一流。
- 体验（Experience）——针对客户的整体解决方案。
- 效率（Efficiency）——快速而准确。

在管理正确的项目组合时，员工会感到满意。当他们利用正确的实体世界时，他们能够通过综合全方位整合式思维和行动学习来加快学习速度，从而产生卓越的表现，即发挥经验和效率的协同作用。

创新的倍增效应将三项关键和差异化的技能——教育、咨询和辅导结合在一起，并提供了整体解决方案，即发挥专业知识和经验的协同作用。

同时使用以上创新工具对创新者进行培训，将为快速取得成果提供强有力的基础，即发挥专业知识和效率的协同作用。创新管理是否成功是由客户和3个"E"来定义的。

结　语

根据Kanter（2009）的说法，一家高科技企业成为成功组织的5F实践如下：

- 专注（Focus）。
- 友善（Friendly）。
- 灵活（Flexible）。
- 快捷（Fast）。
- 愉快（Fun）。

5F是全方位整合式创新者在识别问题、生成解决方案和提高执行能力方面教导客户的基本价值，如图5-13所示。

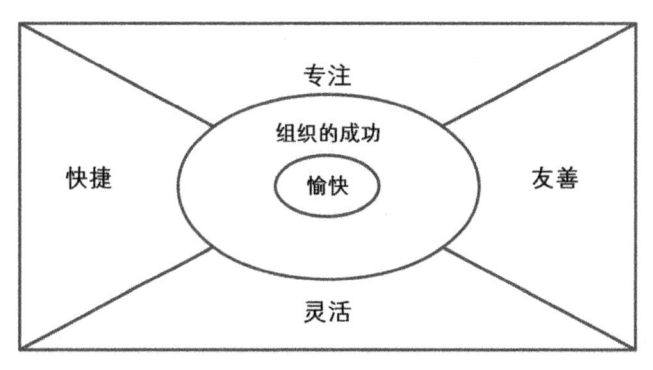

图5-13 成功组织的5F

成就全方位整合式创新者的是全脑（左脑和右脑）的发展，因为它不仅提供分析性硬技能（左脑）的发展，还提供整体性软技能（右脑）的发展。

整体性软技能包括：

- 将理论转化为实践的能力，以弥合知与行之间的鸿沟。
- "大局观"和横向思考的能力，以确定最实用的解决方案。
- 与外部各方沟通的能力，以建立融洽的关系和网络。
- 自我激励和自信的能力，以取得更大成就。
- 压力管理的能力，以保持心理健康和情商。
- 变革管理的能力，以保持相关性和竞争力。
- 跨文化管理的能力，从文化多样性中获得最佳协同效应。
- 专业精神，避免自满。

◎基于项目的加速行动学习支持全脑开发，以提高执行能力。通过行动学习，创新者既可以像企业家兼管理顾问那样为组织创造增值创新，又可以实时开发相关的硬技能，因此这些技能可以取代其他任何人。

时间是最易流失的资源，而且无法恢复。因此，对于要在VUCA时代和工业变革中持续生存的创新者来说，加速行动学习是最关键的竞争优势之一。

历史告诉我们过去所做的一切；

经验告诉我们理论与实践之间的差距；

加速行动学习弥合了知识与行动的差距。

——本书作者

第六章 预 测

创新者最能发挥哪些作用？

这是本书的最后一章，以下各节涉及对从事不同行业的不同东盟国家的创新者进行的案例研究。在追求创新者精神方面，他们存在着共同之处，即追求对客户的终身支持。

创新创业的合理化

本章给出了三个现实世界中的创新者案例研究，描述了来自中国、新加坡、马来西亚的三个成功创新者的加速行动学习历程。这些案例研究揭示了全球创新者的一些关键共同特征和突出表现，概括如下：

- 能从激情和目标中获利。
- 勤勉。
- 能够评估和应对风险。
- 渴望有所成就。
- 能够自我管理。
- 有创意和创新能量。
- 有追求成功的动力和决心。
- 有不屈不挠的弹性和耐力。

第一章解释了谁是创新者，本章则证明了创新者是比企业家更卓越的人才。创新者最突出的主要特征是愿意经营业务并承担任何附带风险。

创新者精神是当前技术驱动世界中企业家精神的延伸。创新者通过优化技术来加速创造新发明和创新，从而通过开发创新产品率先在市场上获利。区别于其他从业者的是他们经营业务的方式，这种方式通常是以高增长潜力、高知识含量和高知识产权杠杆为中心的。

> 创新者精通技术，并能够从高科技或高商业价值附加产品及其开发过程中寻找机会。
>
> ——本书作者

创新者精通技术，并且能够从高科技或高附加值产品及其开发过程中发现机会。创新者成功地发明或商业化了当今许多可用的创新。

Christensen和Raynor（2013）将其定义为"颠覆性创新"，这一概念与中小企业正在尝试实现的目标完全同步，即将复杂、昂贵的产品或服务转变为简单、便宜的产品或服务。企业家的核心竞争力是创造商业价值和就业机会，而不仅仅是堆叠价值（Christensen等，2016）。

创新者的旅程经历了五个显著的阶段：

- 在20多岁的时候，他们应该获得资格，学习工作职能，养成良好的工作习惯，了解组织文化，发展朋友和偏爱的生活方式。
- 在30多岁的时候，他们应该开始负责，即控制影响力，沿着自己选择的职业道路前进，与同事和领导建立良好关系，评估他人对自己的看法。
- 在40多岁的时候，他们应该步入职业生涯的顶峰，实现目标，成为领导，做出高层次决策，并在顶峰时期成为高管。
- 在50多岁的时候，他们应该巩固自己，并利用自己的成就取得优势。
- 在60多岁的时候，他们开始担任教练/顾问/非执行董事，以充分利用经验，进一步发展思想，培育和指导他人。

由于行业类型的不同，不同的创新者会在不同的成熟阶段（与年龄、经验、知识等因素有关）拥有企业所有权，但是可以肯定的是，他们是具有自我管理智慧的行动学习者。获得成功后，他们需要维持成功，然后扩大成功，愿意与继任者分享成功，并最终对社会产生重大影响。例如，社会创新者集思广益并倡导企业的社会责任。Porter和Kramer（2011）将其定义为共享价值。

案例1：中国王选——智慧产品的创新者的行动学习经验

王选院士从一名普通的大学教师成为一名优秀的创新者的经历如下：

- 1954年秋，考入北京大学数学力学系，前两年以学习基础课程为主。
- 1958年，从北京大学毕业，留校在无线电系当助教，主持电子管计算机逻辑设计和整机调试工作，也参与过部分电路设计，通过阅读中外文献，他逐步领悟到只有同时掌握硬件设计和软件设计技能，才能产生创新。
- 1961年，他的研究方向转向软件，但没有放弃硬件，他从事软硬件相结合的研究，以探讨软件对未来计算机体系结构的影响。
- 1964年，他承担了当时正在进行硬件设计的DJS21机的ALGOL60编译系统设计工作，同时探讨适合高级语言的计算机体系结构。
- 1965年，他回到北京大学，与陈堃銶、许卓群等同事进行DJS21机的ALGOL60编译系统设计工作，并于1967年研制成功，在几十个用户中推广，成为中国国内最早得到真正推广的高级语言编译系统之一，被列入中国计算机工业发展史大事记中。
- 1972年，他从同事处得知，北京大学参与研制的DJS150计算机遇到磁带纠错的难题。他在家手动对几百种编码方案进行筛选、计算，设计出磁带2位纠错方案。
- 1975年，作为技术总负责人，他领导中国计算机汉字激光照排系统和后来的电子出版系统的研制工作。

第六章 预　　测

- 1976年9月，当时的第四机械工业部把"748工程"中汉字精密照排系统的研制任务正式下达给北京大学，并成立了北京大学汉字信息处理技术研究室，由王选负责整个系统的总体设计和研制工作。

- 1978—1995年，他担任北京大学计算机研究所所长。

- 1979年7月27日，经与协作单位共同努力，王选主持研制成功汉字精密照排系统的主体工程，从激光照排机上输出一张八开报纸底片。

- 1980年9月15日，以王选为首的课题组用激光照排系统成功地排出了一本《伍豪之剑》的样书，这是中国在告别铅字印刷的历程中排出的第一本书。同年，他晋升为副教授。

- 1981年，王选致力于研究成果的商品化工作，使汉字激光照排系统从1985年起成为商品，在市场上推广。

- 1983年，北京大学在原汉字信息处理技术研究室的基础上成立计算机科学技术研究所，王选担任副所长。

- 1988年后，王选作为北大方正集团的主要开创者和技术决策人，提出"顶天立地"的高新技术企业发展模式，倡导技术与市场的结合，闯出了一条产学研一体化的成功道路。

- 1994年，王选当选为中国工程院院士；同年，他担任北大方正技术研究院院长，方正控股有限公司董事局主席、首席科技顾问。

- 1995年7月，北京大学计算机研究所与北大方正共同成立方正技术研究院，王选担任院长；同年，他担任方正（香港）有限公司董事局主席；同年9月，王选做出决定：以研制计算机动画制作系统为契机，开发数字视频领域，进军广电业；同年12月，方正在香港以红筹股的形式上市；同年，王选决定研制日文出版系统，进军日本市场，依靠自主创新技术走向国际。

从大学教授到成功的创新者，王选院士主持发明了"汉字激光照排系统"，推动了中国印刷产业迎来"告别铅与火、迎来光与电"的划时代技术变革，被誉为当代毕昇，2002年，王选教授荣获国家最高科学技术奖。

他的行动学习经历如下（以下内容根据北京大学新闻网由作者丛中笑撰写的文章"新时代科学家需要具备怎样的精神——王选的成功和启示"改写）：

❖ 早期奠定科学家精神——科学素养加大胆超越

1954年，王选考入北京大学数学力学系，众多名师的引导、严格的数学训练，使王选逐渐具备了严密的思维推导和扎实的分析计算能力，为他日后进行计算机应用研究奠定了重要基础。"计算数学"属于"冷门"学科，许多人不愿问津。王选认为，越是古老、成熟的学科，越难以取得新的突破，而新兴学科往往代表未来，越不成熟，创造空间和发展前景就越广阔。王选发现我国制定的"十二年科学发展远景规划"中把计算技术列为"未来重点发展学科"，钱学森等科学家的文章中也描述计算机将发挥越来越大的作用，因此他下定决心钻研计算数学。这是王选在成为优秀创新者的路上迈出的第一步。

1975年，王选从妻子陈堃銶处听说"748工程"中有个子项目"汉字精密照排系统"，立刻被这一项目未来可能产生的重大"价值"和显而易见的"难度"深深吸引，自主决定进行研究。当时我国已有5个科研团队从事汉字照排系统的研究，在汉字信息存储方面采取的都是模拟存储方式，输出方案选择的则是国际流行的二代机或三代机。王选从不人云亦云，为了摸清国外照排领域的研制状况和发展动向，他去中国科技情报所查阅英文文献，发现这些文献几乎从未被借阅过。王选多年的英文积累在此时发挥了重要作用。通过大量阅读和分析，王选做出了异于常人的方向判断和大胆的技术决策：第一，模拟存储没有前途，应采用"数字存储"方式将汉字信息存储在计算机内；第二，直接跨过当时流行的二代机和三代机，研制世界上尚无商品的第四代激光照排系统。王选用"轮廓加参数"的数学方法使字形信息量压缩了500~1000倍，解决了计算机存储汉字的技术难题，设计出加速字形复原的超大规模专用芯片，使被压缩的汉字字形信息以710字/秒的速度高速复原，并且具有强大的字形变化功能。运用数学基础和软、硬件方法双管齐下，王选最终实现了汉字信息处理的核心技术突破。

王选坚信自己的方案，锲而不舍地进行钻研，10多年间他设计系统的手稿达2200多页。白天如果没有时间，他就在晚上工作，有些设计方案是他在出差的飞机上，甚至公交车上想出来的。正是凭借这种自信执着和严谨痴迷，王选不断推进照排系统迭代更新、日臻完善。

王选执着而不僵化，以时不我待的紧迫感，使照排系统适应飞速发展的计算机技术，不断创新。1979年，激光照排原理性样机刚输出的首张报纸样张还未通过鉴定，王选就开始设计实用的华光Ⅱ型系统；1985年，华光Ⅱ型系统在新华社成功应用，王选又"强烈感到"它无法大量推广，便加快进行新一代系统的研制；1987年，华光Ⅲ系统在《经济日报》成功应用，但反对者认为这是"先进的技术，落后的效益"，很难推广，因为一套激光照排系统当时要上百万元，远不如人工捡铅字便宜。此时国外系统正大举来华，王选定下目标：必须在1988年表现出压倒性的技术优势，必须在1991年前先声夺人，大量占领中国市场。随后，王选接连推出华光Ⅳ、方正91等系统，一举夺下了中国印刷出版市场。王选后来总结道："机遇往往是一闪而过的，机不可失，时不再来。有些原始创新的优秀成果就因为商品化过程太长而失去应有的市场份额，甚至被别人后来居上。"

❖ 成长过程中进行跨领域研究——具备了同时代人少有的科研储备和工匠精神

1958年，王选大学毕业后留校，参加了北京大学研制的中型电子管计算机——

"红旗机"的逻辑设计和整机调试工作，3年的"摸爬滚打"进一步夯实了王选的硬件基本功。在研读国外计算机文献时，王选注意到，取得重要成果的科学家常常具备跨领域、软件和硬件兼通等多方面的科研背景，而自己只掌握硬件设计，不懂程序和应用。为此，王选决定开始从事软硬件相结合的研究，以探讨软件对未来计算机体系结构的影响。王选后来总结说："从事软硬件相结合的研究是我一生中最重要的选择，我找到了创造的源泉，这是我能够承担激光照排系统研制的决定性因素。"生命前半程的精神磨炼和科研储备，使王选具备了同时代科研人员少有的跨领域知识和实践经验，以及对技术的前瞻性洞察，为王选后来抓住"748工程"机遇并取得成功奠定了深厚基础。

❖ 增强企业家精神——实现技术与市场的完美结合

王选既是"有市场眼光的科学家"，又是亲身参与成果转化和市场竞争的创业者，这在同时代科学家中是不多见的。从红旗机、ALGOL60编译系统到汉字激光照排系统，王选从事的一直是应用性研究。他认为，应用性研究的成果必须"能用"，才能对社会进步有实际价值，"学术上的远大抱负"与"占领市场"在一定条件下是可以高度一致和相互促进的。所以，当原理性样机研制成功，有人劝王选不要再做下去时，他没有停止，而是继续向应用的方向研发。1985年，华光Ⅱ型系统接连获得国家科学技术进步等一等奖等重大奖励，王选却产生了一种"负债心理"，因为当时国外厂商正大举进入，如果科研成果没有推广应用，不但国家的投资得不到回报，市场也会丢失，获再多奖也无济于事。因此，王选提出了"顶天立地"的产学研结合之道："顶天"即不断追求技术上的新突破，"立地"即把技术商品化，并大量推广应用。

王选深知，要做到这一点，除研发外，还涉及生产、销售、维护等多个环节，仅靠一己之力绝无可能，必须依靠团队的力量。这方面有两个人王选非常推崇，一位是"两弹元勋"邓稼先，他不仅自己有才华，而且能够让手下比他更出众的人充分施展才华。另一位是日本"管理之神"松下幸之助，他把自己的3个劣势都转变成优势：因为穷，所以要拼命奋斗；因为没上过大学，所以努力自学；因为身体不好，所以懂得要依靠别人。王选从他们身上总结出："认识自己的不足，善于看到别人（尤其是同事）的长处，是具有良好的团队精神的基础。"

王选的一生是作为创新者不懈奋斗的一生，体现出百折不挠的献身精神、永不止步的创新精神、细致踏实的工匠精神、顶天立地的开拓精神、协作攻关的团队精神、甘为人梯的大师精神、淡泊名利的大家精神与挑战生命的超凡精神。这些品格风范无不与新时代科学家精神息息相通、互相印证，是科技工作者取得成功的强大动力。（原文作者丛中笑，为北京大学王选计算机研究所副研究员，王选纪念室主任。）

❖ 从创新者到创新领导者

与后面三位创新者不同，王选院士作为方正集团[1]的创始人和奠基者，一直提倡"持续创新"和"方方正正做人，实实在在做事"，并且以身作则，表现出了卓越的管理能力、领导力和企业家精神，推动了方正集团成为优秀的创新型企业，他本人也成为名副其实的创新者。

1991年"方正品牌"诞生。"方正"一词，源于《汉书·晁错传》（见图6-1）。它指人的品行正直无邪，既体现了公司依法诚信的经营之道，又反映了全体员工以诚待人的处世哲学和严谨求实的科学精神。同时"方正"一词还体现了方正集团的核心价值观。

---

[1] 方正集团于2020年被北京银行申请重整。本书中引用方正集团的案例意在说明王选院士作为一名卓越的创新者带领中国企业走上自主创新道路的光辉历程，以及其间体现的创新者精神。此处不讨论方正集团近年来的企业经营状况。——编者注

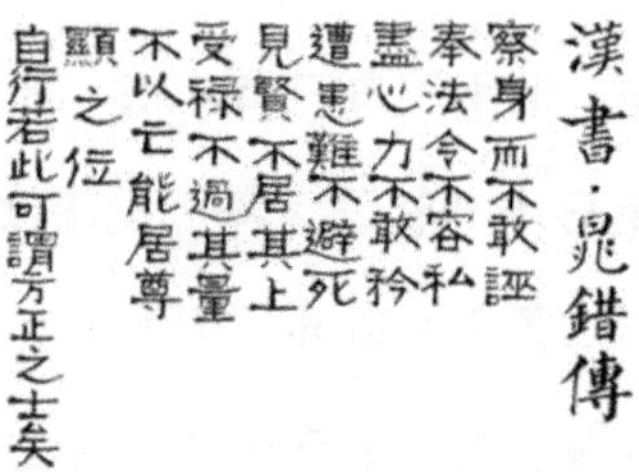

创新者精神

漢書·晁錯傳

盡奉察
心法身
力令而
不不不
容敢敢
私辟評
遭
患
難
不
避
死
見
賢
不
過
其
上
受
祿
不
以
亡
其
量
顯
行
若
此
可
謂
方
正
之
士
矣

图6-1 《汉书·晁错传》对于"方正之士"的阐述

方正集团的核心价值观包括"持续创新"和"方方正正做人，实实在在做事"。"持续创新"，即在创新理念上，倡导敢为人先的创新精神，追求卓越的创新品质、标新立异的创新方式；在创新实践中，提倡开放、平等的协作精神，尊重、鼓励并激发全体成员自主创新的活力；在创新领域上，鼓励包括技术、产品、服务以及管理等在内的全方位的创新。

"方方正正做人，实实在在做事"，是企业全体成员的行为准则，即做人诚信忠诚，做事尽心尽责；言而有信、行之必果；正而不迂，直而不拙。"方方正正做人，实实在在做事"，要求企业依法诚信经营，在经营理念上追求双赢或者多赢；要自觉承担社会责任，确保公司的利益与社会发展相一致。

方正集团在将近40年的发展历程中，之所以能够始终坚持"自主创新"的发展道路，可以总结为三个要素：

- 使命与信念。以国家天下为己任的北大文化，培养了方正人敢为天下先的使命感，培育了方正人践行自主创新、持续创新之路的坚定信念。
- 冒险与价值。创新需要胆识和勇气，创新型企业要具备冒险精神，勇于创新、敢于实践，又能控制风险。同时，企业只有从创新中获得回报和收益，才能支撑新的创新活动，从而形成企业创新的良性循环。
- 战略与文化。创新导向的企业战略是确保创新活动持续推进的基础；同时，以创新为基调的文化氛围，有助于构建企业成员整体一致的创新意志和行动力。

作为学科带头人，王选院士支持和鼓励年轻科技骨干从事科技创新的研究。

2002年，他用获得的国家最高科学技术奖奖金及北京大学的奖金设立了"王选科技创新基金"，用于支持青年科研人员从事基础性、前沿性的中长期科技创新研究。在他的培养和支持下，一批敢于创新、勇于拼搏的青年科学家走到了科研创新的前沿。作为方正集团的创始人，王选院士勇于创新、追求卓越、甘于奉献、甘为人梯的精神品质深深地影响了方正集团的技术和管理团队，奠定了方正集团持续创新、方正为人、实在做事的企业理念的基石。

作为一名杰出的创新者，王选院士的名言是：

"我常想，一个人，一个好人，他活着，如果能够为社会的利益而奋斗，那么，他的一生才是有趣味的一生。爱因斯坦也曾说过这样的话：'人只有为别人活着，那才是有价值的。'我赞同他的话。但凡有成就的人，大多具备这种品质。他们为了社会的利益，为了活得有价值，始终不渝，狂热地去追求。"

"一定要在年轻的时候养成自己动手的习惯。在计算机领域内，只出点子、从来不动手实现的人不容易出大的成果。一个新思想和新方案的提出者往往也是第一个实现者，这似乎是一个规律。"

"这十多年我只要有三天的休息就已十分满足了，但从未得到这种机会，特别是前十年，根本看不见名和利，是项目的难度和价值强烈地吸引了我，尤其是我找到了一条外国人没有走过的或日本人没有走通的技术途径，尽管国内大多数人并不相信，但这一创新方案的价值使我觉得只有一鼓作气，把创新的成果变成产业才算大功告成。永远把社会发展的需要放在第一位，才能逆潮流而上，我坚信'告别铅与火'是一场革命，是社会需要的，于是不满足已有结果，追求精益求精、锲而不舍的精神，再艰苦，再吃力也要干下去。"

案例2：新加坡的陈家强博士——创新者在马来西亚的行动学习经验

陈家强博士（以下简称陈博士）是在马来西亚经营企业的新加坡人。生于1940

年，正逢中国农历龙年。陈博士获得了英国Bradford大学授予的科技荣誉学士学位（1968）和博士学位（1971）。化学是他的本科专业，其后于两年半内完成了结构化学博士学位，比计划提前了很多。陈博士坚信行动学习，其公式如图6-2所示。陈博士的简历如下：

- 1971年至1973年：吉隆坡马来亚大学化学系讲师。
- 1974年至1975年：新加坡经济实验室首席化学师。
- 1976年至1986年：Diversey技术总监，负责远东亚市场。
- 1987年至1993年：新加坡Protek技术总监兼执行合伙人。
- 1993年至今：Cosmic Discovery（销售分公司），Budget Champ（生产分公司）和Cosmic Polymer Sdn Bhd首席执行官兼大股东。

学习 =	硬背	质疑见解	+ 执行	+ 整合	+ 知	− 做	− 教
	（基于项目）	（理论家）	（反思者）	（实用主义者）	（活动家）		（持续学习）

图6-2 行动学习公式

通过行动学习的四种学习领域和管理－领导力－创新者精神，并透过轻量级－中等量级－重量级项目，来弥合知识与实践之间的差距，陈博士成为规划、变更和生存的大师，以满足作为具有智力、社交和情感资本的全脑型经理人的条件。

❖ 马来西亚特种化学品公司的战略管理

从1971年到1993年，在最初的23年中，作为成熟组织的技术人员，战略研究项目对陈博士而言并不具有挑战性。他决定在马来西亚西部的雪兰莪州郊区建立一个世界一流且可管理的工厂，并通过降低间接费用实现成本领先，自此踏上技术企业家的征程。在他的业务生产线中，制造特种化学品的单位成本是主要决定因素，这涉及一系列化学产品的技术知识，如表面处理、浸乳胶的产品和水处理。

Cosmic工厂最初只有3名管理人员（1993年），销售收入为120万林吉特。到

2016年，该工厂有40名员工，销售收入达7400万林吉特。每名员工的平均贡献是1993年时的4.625倍。如果该工厂仍在新加坡运营，那么它很可能会破产。新加坡不适合对价格特别敏感的行业，特别是特种化学品的生产，因为其高昂的运营和间接成本。端到端供应价值链必须采取最大化卓越运营的连贯战略，以实现最佳成本，即以适当的价格提供适当的质量。因此，经营小众产品（如Cosmic特种化学品和化学品的研发设施）的公司的战略管理必须着眼于主要客户。例如，马来西亚凭借其天然资源（橡胶）的相对优势，贡献了世界橡胶外科手套供应量的60%以上。此外，其研发人员的工资仅为新加坡的三分之一。

总之，对于相同的生产线和相同的产品质量，考虑到货币汇率，新加坡的制造成本要贵10倍。2016年，1新加坡元可兑换3林吉特。因此，陈博士的长期战略是继续扩大在马来西亚而不是在新加坡的制造设施和运营规模。2016年，新加坡被评为全球最昂贵的城市。陈博士做出了正确的关键决策，实现了可持续的竞争价值链优势，即优化成本、质量、速度、灵活性和可靠性，将其作为赢得订单的最高竞争力。实施精益求精的连贯战略以获得最佳成本的战略管理，是特种化学品行业努力奋斗的唯一途径之一。

❖ 陈博士的创新发展历程

陈博士的创新精神发展历程分为三个阶段，即早期阶段、中期阶段和最后阶段。每个阶段都可能以危机或机遇告终，这取决于创新者部署的创新程度。创新者的基因可以表达为联想（在哪里）、质疑（为什么）、观察（什么）、关系网（谁）和实验（如何）。有关创新者基因的信息如图6-3所示。每个基因的具体描述如下（Dyer，Gregerse & Christensen，2011年）：

- 联想（在何处）：在不相关的思想或学科之间建立联系。
  创新者能够自发地将他人认为不相关的想法联系起来。这需要整体思维。

- 质疑（为什么）：具有挑战性的想法、思想和见解将带来更好的结果。不仅是"是否有此需要？"或"它会起作用吗？"更是"如果我们这样尝试或这样做会怎样？"这需要批判性思维。另一种技巧是问"为什么"，然后问"下一步是什么"5次。

图6-3 创新者的基因

- 观察（什么）：通过观察吸收信息与通过提问找出信息一样重要。这利用了横向思维。下一个技能是能够看到他人取得的成就并认识到其商业价值。渐进式创新比突破式创新更容易。

- 关系网（谁）：与来自不同专业和背景的人会面，将使创新者有更多机会了解他人如何看待创新者的工作。

- 通常，对客户进行培训以使其适应新发明至关重要，因此他们会意识到收益与成本之间的关系。作为整体解决方案提供商，这将有助于满足客户的期望。眼见为实。这体现了横向思维。

- 实验（如何）：创新者不断积累新的经验并尝试新的想法。实验提供了更丰富的经验。我们已经在利益相关者的期望非常多样化的体验经济中蓬勃发展。创新者通过整体思维、系统思维、批判性思维和横向思维（其他人的想法和经验）来满足利益相关者的期望，直至达到令他们完全满意的程度，即实现最佳成本、最佳性能和最佳解决方案。

第六章 预　测

创新，否则消亡！

陈博士同意Christensen等人（2016）关于"工作理论"的创新示例，他们用Auguste Laurent（1807—1853）的基本原理，即化合物的"可视化"（构造）使他们能够解释化合物是怎样产生和转化成其他化合物的。

从整体化学方法到创新者精神，开发结果在开始时不是确定的，但直观构建的结构至关重要。这种类型的研究始于因果关系的核心命题，然后搜索可验证（或使核心命题无效）的数据或现象。因此，陈博士的前提是"工作理论"有助于我们以独特而有见地的方式看待创新者精神。好的理论并不意味着教会我们思考什么，相反，它们教会我们如何思考——由流程驱动。

如果企业家不能激励和教导员工与客户的想法保持一致，那么他们将失去盈利机会，因为客户很少会购买公司自认为可销售的产品。确实，客户不是购买产品或服务，而是"雇用"公司来提供这些产品或服务以完成他们的工作。

了解客户选择背后的原因会产生创新和客户想要"雇用"的产品的创造。没有业务就不会有项目，没有项目就没有投资，进而导致公司破产。

在陈博士的创新者精神发展的整个过程中，他将行动学习公式"观察—思考—计划—行动"应用于所有已学课程。

1. 陈博士创新者精神发展的早期阶段

陈博士最初是一名大学讲师，但他发现工作进步的步伐太慢，并且增值研究挑战不足以满足他的期望。在31岁那年，他制定了策略，以期在各国获得更多的现实行业经验，以实现他的雄心壮志。经过两年的学术研究，已是教授的他离开马来亚大学，在经济实验室公司（Economic Laboratory，EL）担任首席化学师一年（1974—1975），这是一家在新加坡成立的从事区域业务的美国专业化工公司。到1976年，他已经成为金属精加工行业的知名技术专家。虽然他只是公司的一名员工，但他的热情使他满怀着创新者精神，驱使他成为一名高绩效的员工。

> 客户不是购买产品或服务，而是"雇用"公司来提供些产品或服务以完成他们的工作。
>
> ——本书作者

1976年，他被一家领先的、规模更大的竞争对手公司Diversey聘为技术总监，还负责销售和营销业绩。这是他发展创新者精神的开始，在此期间，他经历了管理、领导和创新。尽管陈博士不是一位企业家（不是公司的真正所有者之一），但他以正确的态度对公司倾注了一种主人翁精神和归属感，因此，即使他想离开，他也要确保在放弃自己的职位之前，公司能够真正取得成功。

陈博士的这种信念就是创新者精神。

2. 陈博士创新者精神发展的中期阶段

在Diversey工作了十多年之后，陈博士意识到，作为公司员工，他所做的重大决定，仍在美国公司总部的管辖范围内。这导致许多战略研究项目和利润丰厚的业务被微不足道的竞争对手所得。当人们作为公司员工工作时，经常会面对这种具有讽刺意味的悖论。此外，Diversey是一个以种族为中心的组织，他们相信来自其祖国的人们最适合在亚洲开展业务，即使他们与世界各地的文化并不同步。陈博士决定冒险成为真正的技术企业家。他与其他11个合作伙伴共同创立了自己的公司Protek，并在新加坡设立生产工厂。

这是陈博士经营技术企业的开拓阶段的起步。但是，由于在新加坡生产特殊化学品生产线的费用很高，使得整个供应价值链处于非常不利的成本劣势，故该公司在运营六年后陷入危机。陈博士必须尊重、理解并认识到他的业务的未来已不在新加坡，他已制定策略将工厂迁移到马来西亚。为了抓住这个机会，他于1993

第六章 预 测

年注销了Protek，并将投资财富、知识、工作和商业价值转移到只有3名管理人员的新公司。新公司包括负责销售活动的Cosmic Discovery和负责特种化学品生产的Budget Champion两个分公司。他的整体思维、系统思维和批判性思维帮助他将危机转化为机会。最重要的是，他在全球化和技术发展的残酷影响下，在一个陌生的国家，善于应对变化并适应新的VUCA商业环境。正如查尔斯·达尔文生动表达的那样："适者生存。"陈博士的新公司作为原始设计制造商和原始品牌制造商的核心竞争力战略的微笑曲线如图6-4所示。陈博士的公司不追求成为原始设备制造商。

> **没有业务就不会有项目，没有项目就没有投资，进而导致公司破产。**
>
> ——本书作者

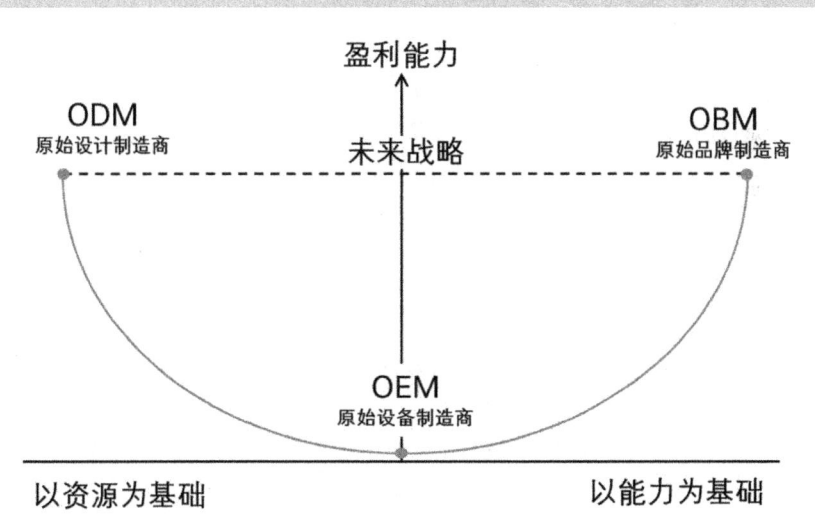

图6-4 陈博士新公司核心竞争力战略的微笑曲线

陈博士没时间休息。为了生存，他必须比竞争对手更快、更好、更明智地思考。为了节省成本，他必须执行与处理多项任务，即担任首席执行官、首席化学师、首席营销经理、首席项目经理和首席业务开发经理。他对成功的热情使他不断地努力，以应对与高需求客户的业务往来所产生的悖论和困境。

从这次真正的创新之旅的前三年所汲取的教训中，他意识到必须使所有管理人员和员工适应公司的价值观、使命和愿景（Values-Mission-Vision，V-M-V）。顺便说一句，陈博士也是C级教练。他的V-M-V描述如表6-1所示：

表6-1 陈博士的V-M-V

价值观（V）	做你所说的，然后说你所做的 1. 创新：从客户而非我们的角度来看待业务；我们必须取得更快、更好和更便宜的结果，否则就不是创新 2. 智慧：考虑每天如何思考，没有最佳解决方案，但总会有更好的解决方案
使命（M）	专注于独特、可扩展、难以模仿的核心能力 3. 遵循55/30/15的规则，即销售收入的55%来自聚合物涂料，而30%来自各个行业的表面处理服务，其余15%来自其他杂项产品和服务
愿景（V）	成为质量世界一流的乳胶产品和聚合物涂料行业的领军企业 4. 会计惯例上的审慎：客户为王，现金为后 5. 在我们所做的事情上勤奋努力：辛勤工作是无可替代的 6. 情绪智力：适应不断变化的业务需求，正确看待不能满足所有客户的能力，否则我们最终将无法满足任何客户 7. 持续投资于研发以避免自满，但同时实行精益管理以消除浪费 8. 终身学习：通过培训和发展不断改善管理能力、领导力和创新者精神，每天不断地问自己学到了什么

> 为了实现更高的生产率，
> 在组织管理上既要有效果，又要有效率。
>
> ——本书作者

图6-5揭示了陈博士的行动学习模型。

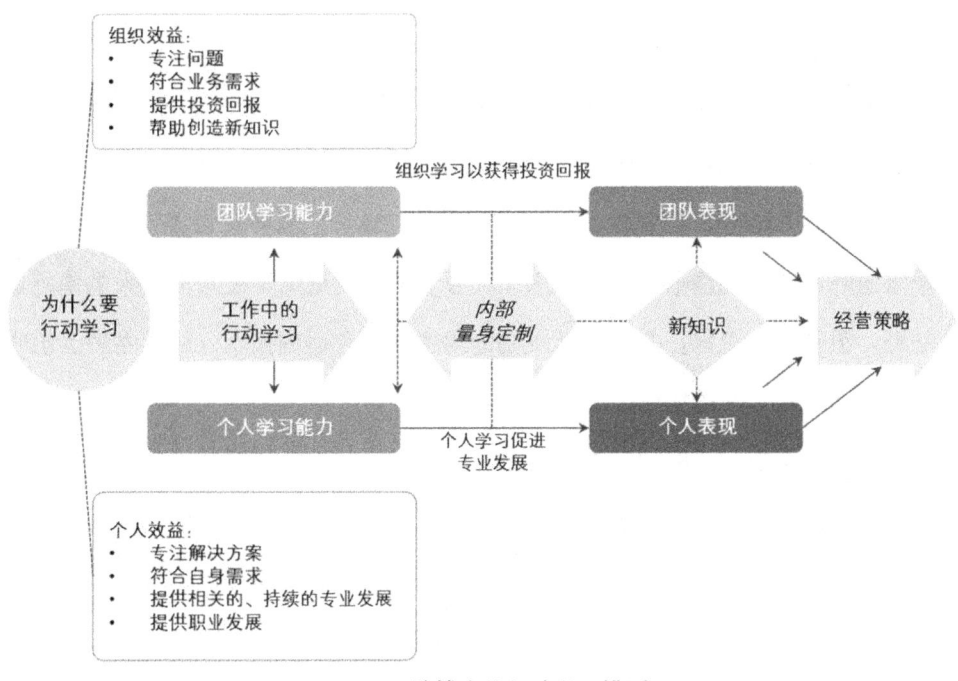

图6-5　陈博士的行动学习模型

通过减少教学次数和提高学习能力，可以改善对管理人员的培训。对实际项目的学习可为客户和公司创造价值，这使之成为一种更加务实的方法来强化管理能力、领导力和创新者精神，因为所有知识都是通过实际流程获得的。因此，行动学习的结果被转化为行为改变，从而改善态度、提高责任感。这比课堂培训更有效。为了有效，行动学习应基于项目，并明确定义目标、目的和指标。

3. 陈博士创新者精神发展的最后阶段

陈博士今年84岁。他作为真正的创新者已有31年（1993—2024），并且是Cosmic Discovery，Budget Champ和Cosmic Polymer的主要股东，现在该计划退休了。他的继任者将是他的儿子，他的儿子从伯克利大学获得了化学一级荣誉学位，并于2000年从麻省理工学院获得了纳米晶体化学博士学位，他目前是新加坡国立大学的研究负责人。2006年，他在斯坦福大学的生物化学专业从事博士后研究长达两年，他早已与陈博士一起为提高公司的管理、领导和创新能力而努力。

由于父亲和儿子都是科学家,所以他们的计划是运用自己受过训练和发展的科学家的核心能力,即整体思维和系统思维。化学学科的整体思维意味着整合结构(相关的概念、战略、人员、流程和实体世界),并将其置于不同的测试环境中以检视(数据)和验证(理论),从而有助于最终结果。当转化为管理概念时,整体思维意味着要实现清晰的规划,因此,重要的是要重新审视当前一致的卓越运营战略,重新设计流程,并从重新发明的角度介绍合适的技术,以获得将当前管理人员作为主题专家的信心,即专家力量。

接下来是增强儿子的领导力,以适应公司的文化,儿子与父亲的领导风格完全不同。行动胜于雄辩。儿子必须发挥自己的系统思维,参与一些引人注目的、复杂且跨职能的部门或成功交付项目。这样,他就可以提高自己的社交资本和沟通能力,以影响并赢得公司关键利益相关者的青睐。

领导力是影响、激励人们以结果为导向的有效方式。管理是流程驱动的,以实现和维护系统、操作的效率。为了获得更高的生产率,必须有效且高效地管理组织,即配备保障执行纪律的人员和执行能力的流程。培养创新者精神将需要更长的时间,使其渗透到整个组织中,以培养和建立员工的组织文化,实现行为上的一致性。这需要批判性思维,以基于创始人的创新价值之一来维持创新文化,这是公司的成功之本。实际上,价值驱动行为,行为驱动创新成果,其方式与可持续的竞争优势息息相关。

4. 陈博士创新者精神发展的危机时期

当海面风平浪静,航行似乎平稳时,要提防突然受袭的可能性。力量和韧性是逆商的结果(无论遇到何种危机或挫折,都能保持耐力和韧性)。

第六章 预 测

陈博士在过去31年的创新者精神发展历程中遇到的危机包括：

- 早期阶段：由于公司治理问题，陈博士必须离开EL公司。
- 中间阶段：一个新的高管团队采用了一种新的组织文化，从多中心（通过远程控制让当地人来管理业务）转变为以本种族为中心（仅信任来自本国的人）。这种管理、领导和创新风格的转变带来了混乱的组织政治，并对当地管理人员产生了负面影响。陈博士是其中之一，他决心在直接竞争中创立自己的公司。他动用了自己的资金，并筹集了更多资金，找到了11个合伙人。6年后，其中1个合伙人发展了裙带关系，这种裙带关系在组织专业精神上是不道德的，并催生了不可控制的办公室政治，公司因此被解散。管理这样的组织动态或人情游戏既不健康，又没有生产力可言。
- 最后阶段：陈博士于1993年开始与4个合伙人合作创立Cosmic公司。在2006年，即收入持续增长13年之后，其中1个合伙人因风险投资家的出手，试图出售该公司。由于其他合伙人拒绝了这种短期收益，这一危机很快就解决了，剩下的4个合伙人之间已发展成一种扩展的、互相信任的家族关系。

从危机的不同阶段吸取的教训加强了陈博士的机敏，将他的思维方式从整体（holistic）思维转变为全方位整合式（wholistic）思维，即全脑思维。例如，过去的业务策略是确定最大的市场（以市场为导向），然后进入市场并与客户保持紧密联系（以客户为导向），最后优化专注于卓越运营的供应价值链（流程驱动）。陈博士将其定义为市场进入策略的整体周期，并且方法是逐步的。但是，在第四次工业革命中，技术是主要驱动力，这种整体周期方法是不够的，所以这三步业务策略必须整合。必须将个人和项目团队的行动学习转变为加速学习，以增强组织能力，超出利益相关者的期望。图6-6显示了整体方法与全方位整合式方法的对比。从整体方法转变为全方位整合式方法，可以将业务战略与运营战略联系起来，实现可持续的最高绩效。

图6-6　整体方法与全方位整合式方法的对比

❖ 陈博士的见解

陈博士的箴言：

- 三思而后行，还有，多动脑，少说话。
- 要把工作做好是没有捷径的。
- 战斗精神永不言败。
- 没有什么可以代替努力。
- 每天学习，重新学习；建设性的批评是前进的道路。

从上面可以明显看出，陈博士相信并实践简单性。达·芬奇认为："简单是最终的复杂性。"为了应对第四次工业革命中从概念经济到体验经济的变化，在特种化学工业中，仅注重卓越运营是不够的，因为它可以被竞争对手复制。应当把在内部和外部满足利益相关者的期望，以及以人为本的战略作为补充。赢得利益相关者的最终优势是将实现最佳性能作为各方共赢策略。

要成为世界一流的整体解决方案提供商，为各种类型的乳胶产品提供聚合物涂料和添加剂，必须由创新的学习和思维能力的增长来支持，陈博士的四种人力资本如表6-2所示。

表6-2 陈博士的四种人力资本

智力资本	通过比竞争对手更快、更好和更明智的表现来超越竞争对手的专家能力
社交资本	在正确的时间与正确的利益相关者联系的沟通能力，以实现双赢的解决方案
逆境资本	弹性力量，通过将危机转化为机遇，将机遇转化为至高无上的能力，在好的时期和坏的时期都保持敏捷
情绪资本	适应全球化浪潮和不断变化的技术格局的能力，"不创新便消亡"

为了使业务脱颖而出，需要借助物联网在全球范围内扩展连接。因此，陈博士植入了6As，作为一种沟通手段，可以在内部和外部连接并超越利益相关者的期望。6As沟通的含义如表6-3所示：

表6-3 陈博士6As沟通的含义

认知	了解你自己、你的工作、你的领导/客户及其期望
对齐	使领导/客户的期望与你的属性（组织值）保持一致
行动	积累能力，超越领导/客户的期望
实施	实施良好做法并不断改进，以创造业务价值创新并增加你的贡献
巩固	通过为公司/客户创造业务价值而不仅仅是增值，使卓越成为一项重要资产，并以正确的态度、充分的责任心和创新的属性提供服务
预测	理解事情不会按计划发生。确保管理层的承诺、积极行为的一致性、对KPIs的充分控制、团队的凝聚力、信念和对公司V-M-V的认同不会逐渐消失

图6-7给出了6As沟通的示意图,以便于理解。

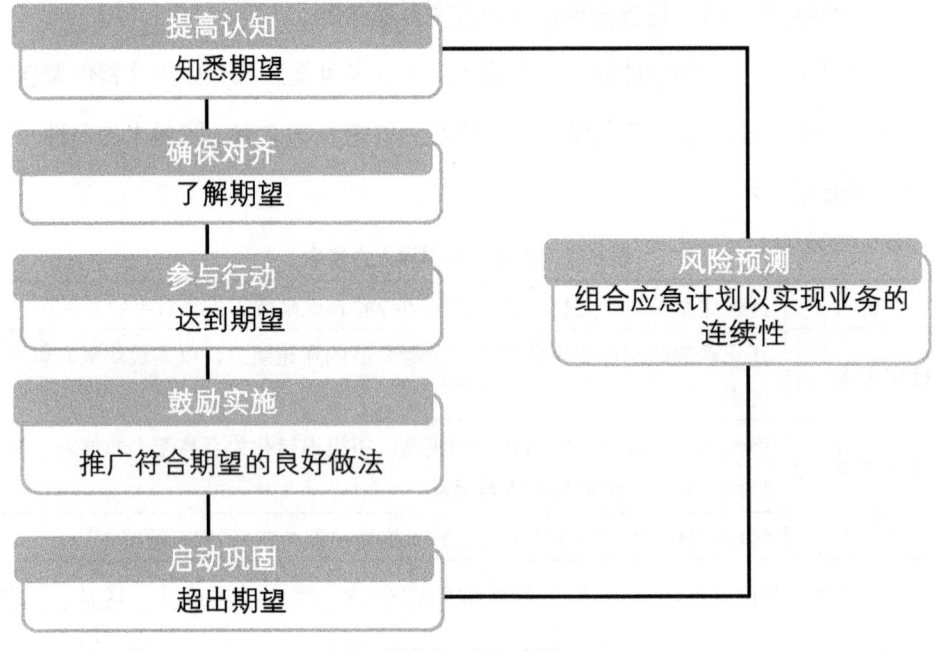

```
提高认知
知悉期望
   │
确保对齐
了解期望
   │
参与行动                风险预测
达到期望   ────────  组合应急计划以实现业务的
   │                      连续性
鼓励实施
推广符合期望的良好做法
   │
启动巩固
超出期望
```

图6-7 6As沟通

图6-8是陈博士的能力之屋,它显示了巩固成功的坚实基础的本质。基础是正确的态度、充分的责任心和创新的属性。陈博士相信每个创新者都是独一无二的,但他们的某些原则是共同的,如少说话,多做事。

引用Thomas Lickona（2004）的说法:

- 注意自己的想法,因为你的想法将成为你的言辞。
- 注意自己的言辞,因为你的言辞会成为你的行为。
- 注意自己的行为,因为你的行为会成为你的习惯。
- 注意自己的习惯,因为你的习惯会成为你的性格。
- 注意自己的性格,因为你的性格会成为你的命运。

总而言之,能力可以带成功的创新者达到顶峰,但要留在那里,创新者还必须拥有品格。这就是创新者的谦虚精神,除此之外都是锦上添花。

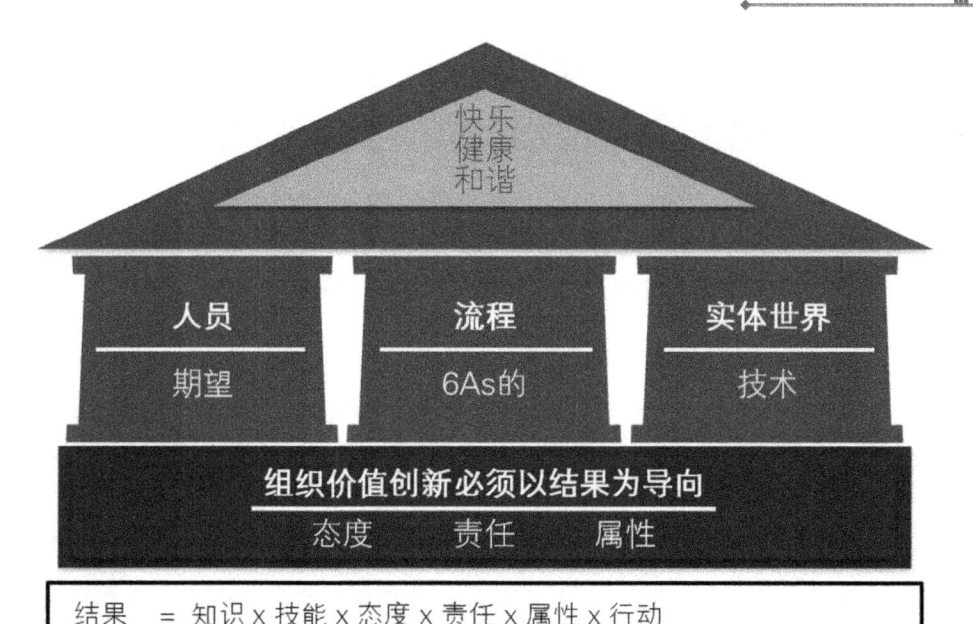

图6-8 陈博士的能力之屋

> 能力可以带成功的创新者达到顶峰，
> 但要留在那里，创新者还必须拥有品格，
> 这就是创新者的谦虚精神。
> 除此之外都是锦上添花。
>
> ——本书作者

案例3：新加坡的何教授——
智慧工厂中的创新者的行动学习经验

何教授从一个内部企业家到一个创新者，其转变如下：

- 1976—1982年：新加坡国家生产力局自动化和技术服务部自动化工程师。
- 1982—1992年：前新加坡南洋理工学院（Nanyang Technological Institute，NTI）机械与生产工程学院讲师、副教授。
- 1985—1992年：NTI GINTIC计算机集成制造研究所所长，与美国格鲁曼公司（Grumman International）结成战略联盟。
- 1992—1997年：新加坡科技研究局下属新加坡制造技术研究所副所长。
- 1997—2007年：IDS Scheer Pte Ltd新加坡和马来西亚分部的董事总经理。
- 2007年至今：亚洲ARISE Consulting Pte Ltd创始人兼董事总经理。

何教授的杰出学术成就和高级公务员成就使他获得以下方面的认可和奖励：

- 于1992年荣获美国制造工程师协会颁发的国际著名CASA／SME大学LEAD奖，以表彰其领导力和计算机集成制造技术应用与开发的卓越成就。
- 于1995年，由新加坡总统颁授国庆日公共行政勋章-PPA（银奖）。

❖ **从技术传播者到创新者**

何教授的整个职业生涯都围绕着技术在业务转型中的应用开始，一开始是应

第六章 预 测

用自动化来代替生产线中的体力劳动。后来，他提倡应用计算机辅助设计（Computer Aided Design，CAD）和计算机辅助制造（Computer Aided Manufacturing，CAM），以及应用计算机集成制造（Computer Integrated Manufacturing，CIM）来提高设计和制造的生产率和质量。如今，他正在帮助制造业以外的组织在第四次工业革命中踏上数字化转型之旅。

何教授是机械工程师。随后，他专门研究先进的制造技术。从麦克马斯特大学（McMaster University）毕业后，他在高混合小批量生产中使用了CAD／CAM和灵活制造系统的计算机仿真方面的研究成果，他从新加坡国家生产力局转到当时新成立的NTI，于1982年将CAD／CAM技术引入NTI的大学课程。在技能发展基金的支持下，NTI与格鲁曼航空航天公司合资成立了一家名为GINTIC（Grumman International NTI CAD／CAM）的技术转让中心，协助新加坡制造业在20世纪80年代采用CAD／CAM技术。格鲁曼公司是新加坡国防部的E2C Hawkeye高级预警机的供应商，也是CAD／CAM技术应用和开发的领军企业。何教授被送到位于纽约的格鲁曼公司总部，研究CAD／CAM中心的建立和CAD／CAM技术的应用。何教授领导下的GINTIC随后升级为一家专门从事CIM的全面研究机构，该研究中心是全球许多大型政府研究计划的关键研究主题之一。此后，GINTIC在新加坡培养了许多CIM先驱，服务于半导体、电子、船舶和精密工程行业。

1990年，南洋理工大学（Nanyang Technological University，NTU）在CIM领域开设了首个硕士学位点，以满足新加坡半导体、电子和精密工程行业的需求。理学硕士计划由GINTIC的教学工厂设施提供支持，该设施已在发展启发式灵活制造单元和灵活制造系统上投资了数百万美元，这些启发式灵活制造单元和灵活制造系统为电子和精密工程行业生产原型组件。

GINTIC的一项关键研究项目是开发一种用于设计复杂CIM系统的方法和工具。在与一家领先的半导体公司合作开发CIM系统时，何教授被介绍给了AW Scheer教授，他是德国萨尔大学的教授，IDS Scheer AG的创始人。Scheer教授开发并商业化了集成信息系统架构工具,这给何教授留下了深刻的印象。何教授随后发起了谈判,以建立GINTIC和IDS Scheer AG之间的合资企业。

1997年,合资企业IDS-GINTIC在新加坡成立,以在整个亚洲推广业务流程管理和转型的方法和工具。虽然最初的重点是制造业,但是业务流程再造、管理和控制的方法和工具已被银行、通信、运输、物流和公共服务等其他行业广泛采用,这些行业正在经历数字化冲击后的转型。IDS-GINTIC在包括中国在内的亚洲迅速扩展了业务,并被公认为业务流程管理和转型领域的领导者。

当IDS Scheer AG在2007年被Software AG收购时,何教授离开该公司并创立了自己的整体管理咨询公司ARISE Consulting,该公司提供工具和服务来协助组织进行数字化转型。在十多年的时间里,ARISE Consulting已成为亚太地区的银行、通信、公共服务、运输和制造领域中许多大型企业信赖的顾问。目前,他们在新加坡、马来西亚、印度尼西亚和中国都设有办事处。

❖ 智能工厂中的行动学习实践者

在ARISE Consulting,何教授驱动一个小组,以解决实际问题,采取行动,并以个人、团队和组织的方式来学习。这有助于ARISE Consulting为客户在转型过程中面临的复杂问题开发创新、灵活并且成功的解决方案。一些成功的转型项目包括:(1)为政府机构建立敏捷的架构,以增强其敏捷度,应对影响其流程和系统的政策变化;(2)为政府部门的转型及其机构组成一个由知识管理系统支持的网络学习组织,知识工作者可以协作解决问题和进行创新,而不必从事相互排斥的部门任务;(3)为电信公司设计未来的运营模式以增强客户经验;(4)为马来西亚一家主要银行重新设计实施下一代核心银行系统的流程。企业架构(Enterprise Architecture,EA)有助于将系统与流程对齐,并将流程与战略对齐,如图6-9所示。

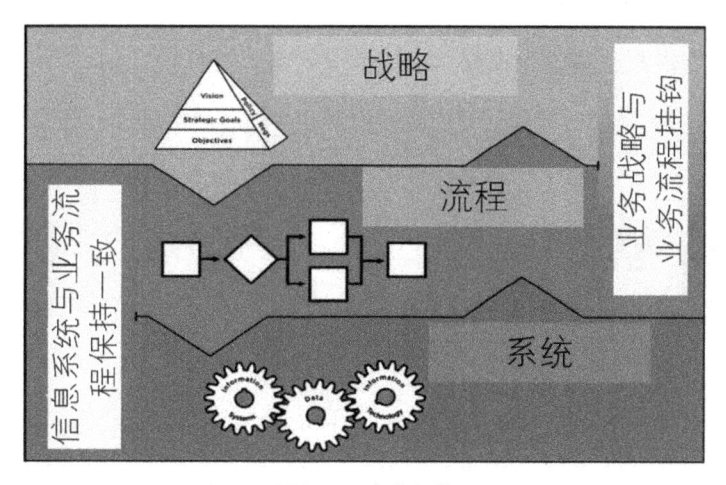

图6-9　企业架构

业务转型应始终从企业的战略和目标开始。业务转型的结果必须是一套以客户为中心（内部或外部）和端到端的"准"业务模型和业务流程。然后，在信息体系结构中标识和建模业务流程所需的信息。

要开发的解决方案和应用程序系统必须与"To-Be"业务模型和业务流程保持一致，以支持端到端业务流程和集成应用程序系统所支持的业务信息流。由于利益相关者需求和期望的差异，这种整体系统方法提供了启发式的解决方案来解决多个流程问题的复杂集成。正确的流程和实体世界所支持的战略调整对于系统集成至关重要。尽管如此，管理和维护新业务转换系统性能的人员不容忽视。因此，成功执行战略的常识性方法取决于正确的流程，该正确流程由合适的人使用合适的实体世界来实施，这对于智能工厂的设计思维而言尤为明显和苛刻。智能（SMART）代表特定、可测量、可分配（流程所有权）、可实现、及时。智能工厂通过最小化战略执行差距来实现战略、人员、流程和实体世界配置的优化，从而获得在成本、质量、速度、灵活性和可靠性方面的优势。

可以通过EA在EA框架和开发方法的支持下实现IT与业务的一致。这提供了系统方法和框架，可以平稳有效地进行业务转型以实现战略成果和企业战略。如图6-10所示，EA支持数字化转型，作为数字化转型的关键组成部分，为业务平稳高效转型提供系统方法和框架，实现价值创新。

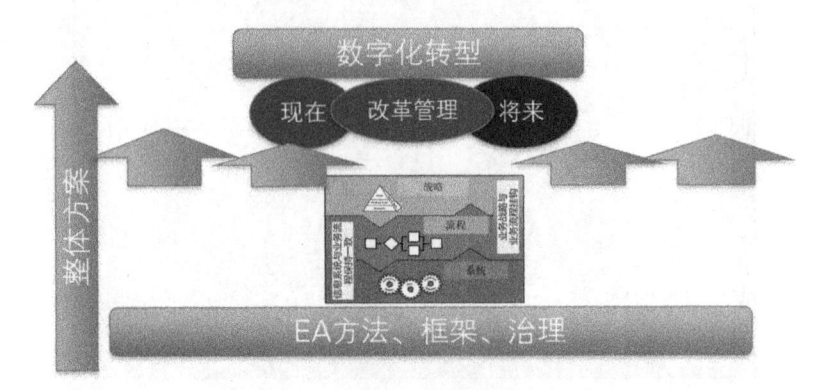

图6-10　EA在数字化转型中的作用

❖ 何教授创新之旅中的经验教训

1. 韧性或弹性对持久至关重要

创新者需要具备从危机中反弹的能力。使某人具有韧性的因素包括积极的态度、乐观、调节情绪的能力以及将失败视为一种有用的反馈的能力。自从踏上创新之旅以来，何教授经历了许多危机。他在1997年成立IDS-GINTIC之后，很快受到了亚洲金融危机的打击。与印度尼西亚企业集团合作的百万美元项目收入的三分之二化为泡影。这对新成立的公司造成了沉重打击。VUCA的全球商业环境在随后的几年中引发了更多的危机——2000年互联网泡沫破灭，2003年SARS爆发，2004年印度洋海啸，2007年美国次贷危机导致了全球性衰退。每次危机都带来了新的挑战，而何教授在每次危机中都变得更加强大，也就是说，当形势变得艰难时，艰巨的事情仍要继续。直到今天，放在他办公桌上的一块牌子上都有这样的箴言："上帝赐我宁静，接受我无法改变的事物，勇于改变我可以改变的事物，并有智慧去了解差异。"这是他一生的行动学习过程中处理困难的哲学。逆商是经久不衰的精髓。

2. 创新者精神是可以培养的

没有两个业务转型项目是相同的。如果可以复制解决方案，就不会为此类服务带来任何业务增值。每个EA项目都像一件艺术品，必须具有独特性和创新性，并且不能被复制。设计思维、创意交叉和众包创意对于提出创新解决方案至关重要。但是，激情提供了不断的能量来源，以防止我们轻易放弃——只有具备持久的耐力才能成功。例如，在为政府机构设计敏捷架构以使其能够快速响应政策变化的过程中，何教授借鉴了制造业中的大规模定制概念，在该概念中，产品以关键模块或组件进行设计并组装成不同形式的定制产品。同样，何教授在面向公共服务的架构中，在这个项目中应用了基于组件的设计。确定了业务流程的通用组件以形成公共服务，提高了系统的灵活性，让原子能机构采用其更新的系统。实践证明，该方法在为高度敏捷的系统奠定基础方面取得了重大成功。

可以通过四种思维技能来培养创造力和创新性。这四种思维技能是整合思想、概念、理论的整体思维；旨在应对系统、项目、组织和日益复杂的业务的系统思维；满足利益相关者期望的批判性思维；通过间接和创造性的方法解决问题的横向思维。

3. 通过运用全脑的终身学习，©基于项目的加速行动学习方法更加富有成效和使人受益

在现实世界中，有两种基本工作类型：常规工作和非常规工作。常规工作可以由自动化代替。诸如项目管理之类的非常规工作需要四种资本：智力资本或专家能力、硬技能，有助于正确流程的设计思考；社交资本或沟通能力，影响那些可以在适当的时间实施适当流程的人；随技术或策略需求而变化的情感资本或适应能力，以保持相关性并获得可持续的竞争优势；逆境资本或抵御危机的抗灾能力。

例如，电气和电子工程师协会估计，工程知识的半衰期（工程师所掌握的一半知识过时的时间）为2.5年~7.5年，软件工程师的是2.5年，电子工程师的是5

创新者精神

年，机械工程师的是7.5年。工科课程面临着培养终身行动学习者的挑战。创新者必须持续不断地自我激励追求知识。支持工业4.0的技术包括大数据、移动技术、物联网、社交媒体和云技术，所有这些领域都在迅速发展。学习这些新技术的最好方法就是实践——通过©基于项目的加速行动学习弥合知识与实践之间的差距。你可以通过访问想要学习的技术的网站开始，大多数网站都有很好的"入门"视频和文档，有些甚至可以指导你完成交互式教程。然而，必须做的是学习。学习是从旧行为向新行为转变的结果。如今，兴趣小组和社区提供了非常有效的知识共享和学习平台。在这里，行动学习在集思广益和开创思维以提供突破性解决方案方面，发挥着至关重要的作用。

创新者在动态的情况下运作，正是创新赋予他竞争优势。工业4.0和数字化时代提供了巨大的机遇和挑战。在任何变革中都会有赢家和输家，正如查尔斯·狄更斯在《双城记》的开场白中所说："这是最好的时代，这是最坏的时代，这是智慧的时代，这是愚昧的时代，这是信仰的时期，这是怀疑的时期，这是光明的季节，这是黑暗的季节，这是希望之春，这是失望之冬。"

在工业4.0时代，对于那些能适应和成长的人来说，这是最好的时代；对于那些面对数字化变革而拒绝改变的人来说，这是最坏的时代。

Charles Handy（1995，1991）臆测"我们生活在无理性或悖论的时代"，这已成为工业4.0的现实，受到全球化和VUCA商业环境的影响，我们需要发展为全脑型创新者。任何缺失都会导致资源的次优化，随着技术使每个国家、行业和公司都处于同一起点，竞争力将不可持续。我们如何利用技术并以最终优势来赢得订单，成本、质量、速度、灵活性和可靠性（兑现交付承诺）方面的因素是客户眼中的关键差异因素。

在现实世界中，©基于项目的加速行动学习帮助我们理解、使用全脑方法解决问题并生成整体解决方案，这取决于三个相互联系和相互依存的功能，即通过营销来了解客户的需求；进行制造以满足客户的需求；对成本、质量、速度、灵活性和可靠性以及期望的管理，不仅要确保客户体验来自运营层面，而且要确保整个组织使用"服务式领导"原则为客户提供服务。要实现基于利益相关者期望管理的以客户为中心的战略，必须高层和中层管理者共同努力，他们共同为内部和外部客户/利益相关者提供服务，从而带来智能的体验。理由是：如果内部客户/利益相关者不满意，那么将对外部客户/利益相关者产生连锁影响。在一个SMART（特定的、可测量的、可分配的、可实现的、及时的）项目环境中，硬技能（技术）和软技能（人）的结合对于成功至关重要。

因此，过分强调"智能工厂"而没有适当考虑人为因素将无法保证成功。这在智能工厂的设计思考中必须根深蒂固。明智的战略需要由正确的人，使用正确的实体世界，实施正确的流程来执行。可以肯定的是，反馈和控制是通过5个赢得客户好评的KPIs（成本、质量、速度、灵活性和可靠性）进行跟踪和管理的。

❖ 先进制造技术从工业1.0到工业4.0的演变（见图6-11）

战略	先进制造技术从工业1.0到工业4.0的演变			
	工业1.0	工业2.0	工业3.0	工业4.0
流程	实施	整合	创新	持续改进
人员	初级管理层	中级与初级管理层	高、中、初级管理层	利益相关者（内部和外部）
实体世界	更快	更好	更快、更好、更便宜	更快、更好、更智能
管理方式	左脑	右脑	全脑	©基于项目加速行动学习
目标	流程驱动	客客驱动	敏捷驱动	人力资本和人工智能驱动
年代	1970s	1990s	2000s	>2020s

图6-11 先进制造技术从工业1.0到工业4.0的演变

1. 工业1.0：机械化时代——18世纪末

蒸汽机的发明是第一次工业革命的基本要素。蒸汽成为工业化国家的主要动力来源。通过使用蒸汽机为船、火车和其他机械生产设施提供动力，迎来了一段经济增长期。

2. 工业2.0：大规模生产的时代——20世纪初

第二次工业革命中流水线和分工的原则带来了批量生产和生产率的飞跃。电力的发现和使用电力为设备供电，使电力可以在发电站产生并长距离传输到工厂和家庭。这引起了由电力驱动的自动化机械和设备的迅速普及。

3. 工业3.0：弹性灵活自动化的时代——20世纪70年代

随着数控机器的发明，我们进入了灵活的自动化时代。数控是可编程自动化的一种形式，其过程由数字、字母和符号控制。引入计算机数控进一步提高了灵活性。在现代计算机数控系统中，机械零件的设计及其制造程序是高度自动化的。使用CAD软件定义零件的形状和尺寸，然后通过CAM软件将其转换为制造指令。产生的指令（通过"后处理器"软件）转换为特定机器生产组件所必需的特定命令，然后加载到计算机数控机器中。后来，我们看到了将相同的技术应用于机器人，使机器人可以执行人类不愿执行的重复性和危险任务、由于物理限制而无法执行的任务，或者在极端环境（如外太空或海底）中的任务。尽管如此，硬件（服务器、机器人、自动导引车、局域网、计算机化的物料处理系统、制造自动化协议等）和软件（用于将模拟数据转换为数字数据的接口处理和操作的软件、软件工程等）的成本高昂，以至于对于中小型企业而言都是不可承受的。因此，直接数控、灵活制造单元、灵活制造系统、CIM仍然只是一个概念，而难以付诸实践。

4. 工业4.0：智能工厂时代——今天

工业4.0源于德国政府一项高科技战略项目，旨在推广智能工厂概念。工业4.0的关键概念是网络系统与物理系统的集成。我们可以监视物理过程，创建物理世界的虚拟副本并做出分散决策。通过物联网，网络物理系统彼此之间以及与人类之间进行实时通信和合作，并且通过服务互联网，内部和跨组织服务均由业务价值参与者提供和使用。

在一个智能工厂中，不同的汽车模型将在一条灵活的生产线上制造，该生产线由与人类协作的更智能的自主机器人"操纵"。汽车部件沿装配线自行生产，并在需要时重新订购，从而最大限度地提高了即时物流的效率。一旦行驶，汽车本身就会将性能数据传达给工厂的系统，然后将其与其他来源的数据进行分析以优化未来模型的设计。各个组件也与相关系统通信，例如，信号即将发生故障、需要替换件的要求直接发送给维修机构。这是工作中的工业4.0，其中集成的计算、网络和物理过程正在将传统制造改革为人工智能制造。

新加坡的制造业一直在加速采用工业4.0模式。通过在制造过程的每个步骤连接多个设备和机器，这种新时代的方法可以实现信息、通信和系统的高级集成。作为i4.0协调战略的一部分，新加坡政府已拨出大量时间和金钱用于研发项目，制定行业转型蓝图并增强员工技能，以推动该行业更快地适应。

最近，麦肯锡与高级再制造和技术中心在新加坡成立了"数字能力中心"，旨在通过研讨会和在职培训来培养从事高级技术工作的人才。迄今为止，世界上建立了5个"数字能力中心"，其他4个分别位于中国、德国、意大利和美国。

5. 智能工厂的未来趋势和敏捷管理的需求

本地制造商对工业4.0的热情越来越高，目前许多人渴望获得过渡所需的专业知识。在这里，经验丰富的技术组织将发挥至关重要的作用。

SIMTech就是这样的组织，这是新加坡科技研究局旗下的研究机构。A*STAR模型工厂@SIMTech于2017年10月5日启动，它将使公司能够亲身体验先进的制造技术，并与利益相关者合作进行测试，共同开发创新解决方案。该工厂位于新加坡One-North的Fusionopolis 2，占地约603.47平方米，拥有一条试验规模的实时生产线，可实时收集数据，以便公司能够及时做出业务决策并在实施之前评估拟议措施的有效性。

展望工业4.0智能工厂的未来趋势，至关重要的是将我们当前的能力水平提到一个新的高度，以期望实现网络物理系统和人机界面的集成。毫无疑问，对智能工厂概念的教学需求不再是例外，而是高等院校的常规需求。当其与©基于项目的加速行动学习相结合时，将使国家、行业和公司处于良好状态。因为这三个利益相关者必须成为战略合作伙伴并齐心协力，以实现加速学习——物联网的未来最终优势。

综上所述，我们必须在敏捷的全方位整合式思维过程的帮助下，借助四种思维技能——整体思维、系统思维、批判性思维和横向思维来增强整合能力，从而培养出具有管理能力、领导力和创新者精神的创新者，实施、创新和不断提高组织能力。我们无法改变世界，但是我们可以改变人们在人工智能和敏捷技术浪潮下保持领先的方式。让技术成为我们的奴隶，而不是我们成为技术的奴隶。

新加坡政府正在与公司合作，以采用工业4.0的技术提高制造业的效率。通过降低运营成本和优化资源（金钱、人力、机器、材料、方法），将提高总生产效率。其目标是使新加坡的制造工厂优于全球。先进的制造技术也有望在制造领域带来新的技术职位，如系统工程师和自动化技术员。

据估计，电子行业的转型将带来2100个新的PMET类岗位（指专业人才、经理人、行政人员和技术人员）。为使新加坡人具备从事这些工作所需的技能，SkillsFuture Singapore（SSG）、新加坡劳动力局、经济机构以及行业利益相关者（如雇主、行业协会、工会、教育和培训机构等）共同推出了电子技能框架。

该技能框架确定了两个职业途径——技术和工程轨道，以及管理轨道，涵盖29个职位，个人可以沿着或跨越这些职业探索职业生涯发展。它还提供了该部门的关键信息，并列出了劳动者所需的58种技能和能力，其中包括新兴技能和能力，以及针对它们的相关培训计划。确定的新兴技能和能力包括在人工智能、物联网、数据分析、机器人技术和自动化领域的技能和能力。

为了应对受工业4.0影响的VUCA商业环境中智能工厂概念的未来趋势，至关重要的是改变我们的思维和工作方式。培养颠覆性创新思维以增强创新者精神，©基于项目的加速行动学习以实现敏捷领导力转变，通过整体思维、系统思维、批判性思维和横向思维创建通用语言以加速学习，这只是全脑管理工具的一部分，可以帮助我们保持相关性并实现可持续的竞争优势。

❖ 何教授的见解

迄今为止，何教授的行动学习之旅可以追溯到在工作和生活中遇到的以下挑战和现实。生活中的某些事件可以改变一个人的命运，在那些关键时刻的决定将决定一个人的最终命运。

- 在20岁的时候，何教授决定以机械工程为核心知识，因为在新加坡，专业工程师有很多机会来推动工业化经济。接受东盟奖学金的决定将他从槟城州带到了新加坡，并最终成为新加坡公民。他永远感谢新加坡政府给他这次机会。
- 在30岁的时候，何教授成了一名具有开创性的工程师，他在加拿大联邦奖学金的资助下，在麦克马斯特大学从事CAD／CAM的研究。回到新加坡后，他有机会在NTI开设了CAD／CAM课程。后来，他有机会成立了GINTIC，这是NTI与格鲁曼公司的合资企业，旨在将CAD／CAM以及后来的CIM技术推广到新加坡制造业。何教授是最先进的制造技术（尤其是CIM系统）领域最年轻的教授和开拓者之一，这是他职业生涯的顶峰时期，他将灵活制造系统的理论与实践（人机界面）联系起来，这一重要贡献是NTI-GINTIC的教育成果。
- 在40岁的时候，何教授正要为继续当学者或转变为创新者做出抉择。他选择了大多数学者都不愿走的道路，从舒适地带迁移，面对残酷的VUCA世界，发挥自己的激情和追寻目标明确的使命——以身作则。领导力与变革有关，变革始于领导者（Kotter，2012）。当时新加坡严重缺乏企业家和创新者，最有资格的专业人员更喜欢成为内部企业家或企业高管。

- 在50岁的时候，何教授决定独自冒险，创立了ARISE Consulting。他开始巩固自己的智力资本（专家权力）、社交资本（人脉关系）和情感资本（适应能力）。他之所以能够经受"跌宕起伏"，是因为他的逆境资本（韧性与弹性）。这使头脑（来自全脑的协同作用）、心灵（成功的激情）和灵魂（信仰使他谦卑而不自私）的三部曲成为他的主要力量。最终达到明智的表现。

- 在60岁的时候，何教授退后一步，向他的年轻同事提供了支持，这些同事现在领导着ARISE Consulting在马来西亚和中国等多个国家的发展，他们中的一些人正在冒险发展自己的知识产权。何教授已经开始巩固从他40年的教育、咨询和培训经验中获得的所有行动学习成果，与年轻一代分享组织文化的主要成功因素——管理能力、领导力和创新者精神是相互联系和相互依存的。任何一个错误都会导致资源的次优化。资源必须通过有效的策略来配置，该策略取决于由具有适当工具/技术的适当人员执行的适当流程。因此，工业4.0的设计思维需要一种整体、系统、批判性和横向的思维方式来集成、实施、创新和不断改进人机界面，以实现成本、质量、速度、灵活性和可靠性的竞争优势。在人生旅途的尽头，成功不仅仅取决于财富（Christensen，2012）。确实，这是通过我们为实现良好目标而做出的重大贡献来衡量的，首先是取得成功，其次是通过扩大成功来维持成功，以帮助其他人，不论种族、宗教和国界，为社会带来爱与繁荣。

第六章 预　测

在工业4.0时代，何教授针对初级和成熟的创新者的建议如下：

- 价值创新是我们信念的根基，因为"价值驱动行为，而行为驱动结果"。因此，将组织/团队/个人价值转换为SMART（特定、可测量、可分配、可实现、及时）的KPIs至关重要。例如，何教授相信激情、恒心、耐心和谨慎的力量。所有这些价值创新都是可以衡量的，即：激情是驱动关键任务直到成功的能量和热情；持之以恒，要坚决证明自己是错的，否则就不要后悔，因为失败是成功的源泉；耐心是激情和毅力的本质，因为成功没有捷径可走；谨慎的做法能确保我们在整个产品和项目业务生命周期中预见并预测风险，并在需要时制订应变控制和应急计划。

- 策略可以改变，但是价值创新观要保持不变，并且需要较长时间来转化为组织文化。

- 以敏捷的人力资本，适应全球化力量冲击下的工业4.0的需求——技术使所有国家处于非常不同的竞争形势。尽管技术已经很容易获得，但是那些能最大限度地利用其最终优势的技术将保持竞争优势。然而，要保持相关性和可持续性，人力资本是区分赢家与输家的关键。

- 遵从二八法则，专注于我们的核心竞争力，即让我们真正擅长的20%的工作贡献我们80%的工作绩效。专注于我们的可扩展性和难以被竞争对手效仿的独特性。全球采购和合作将成为工业4.0的常态。事实证明，以客户为中心的战略，是支持利益相关者关系管理以实现双赢或全球集成供应链管理的范例之一，这使苹果公司成为全球最赚钱的公司之一，而蒂姆·库克则曾是全球最受尊敬的首席执行官（《财富》杂志，2017）。

- 因此，在不久的将来，高等教育将采用©基于项目的加速行动学习方法——更少的教学和更多的在职学习。课程也将缩短，如4年制工程学位课程将减少为3年。毕业生将加入员工队伍，并通过补充国家认证课

> 程来学习他们正在从事的公司所处行业的相关技能。这些国家认证课程经过了严格的课程设计和内容设计，以符合世界一流的水平。可以预见的是，对于那些希望在受到全球化力量影响的VUCA商业环境中迎接工业4.0浪潮的人来说，"企业管理、领导力和创新者学院"的概念将变得有吸引力。

可以肯定的是，要想在竞争中脱颖而出，全球都必须重新发明、重新教育、重新焕发活力、重新设计并重新定义其战略方向。创新者精神是答案之一，而不是唯一的灵丹妙药。

耐心是激情和毅力的本质，
因为成功没有捷径可走。

——本书作者

参考文献

[1] Aaker, David A, 2014. Aaker on Branding: 20 Principles That Drive Success. 5th ed. Morgan James Publishing.

[2] Barker, J, 2003. Paradigm Shift. Boston: Harvard Business Review Press.

[3] Chan, K, 2017. Defining Technopreneurship in the VUCA World. International Journal of Professional Management, 12（2）, pp.1-4.

[4] Bennis, W, 2009. On Becoming A leader. 4th ed. New York: Basic Books.

[5] Bridges, W, 2009. Managing Transitions: Making the Most of Change. 3rd ed. Boston: Da Capo Lifelong Books.

[6] Buckingham, M, Clifton, D O, 2001. Now Discover Your Strengths. New York: The Free Press.

[7] Buckingham, M, Coffman, C, 2016. First Break All the Rules. Washington, D.C. Gallup Press.

[8] Bruch, Heike, Ghoshal, et al., 2004. A Bias for Action: How Effective Managers Harness Their Willpower, Achieve Results, and Stop Wasting Time. Harvard Business Review Press.

[9] Chan, KC, 2001. Corporate Olympians. Productivity Digest. October 2001, pp.62-65.

[10] Chan, KC, 2009. An Explication of the Writers Journey through Education and Industry in Pursuit of Management, Leadership and Entrepreneurship Excellence from Piece-Meal Learning to Wholistic Learning （1975 Onwards）. DLitt Thesis, IMCA, 2009.

[11] Chan, KC, 2012. Accelerated Learning for Improved Plantations Performance, International Journal of Professional Management, 6（2）, pp. 1-14.

[12] Chan, KC, 2016. Project Management as Core Competence for All Managers. International Journal of Professional Management, 11（3）, pp. 1-4.

[13] Chan, KC, 2017. Only The Wholistic Survive. International Journal of Professional Management, 12（1）, pp. 1-20.

[14] Chan, KC, 2014. Integrated Coherent Strategy for Supreme Execution Capability.

International Journal of Professional Management, 9（2）, pp. 1-14.

[15] Chan, KC, 2011a. From Holistic to Wholistic Manager: What's New? International Journal of Professional Management, 5（4）, pp. 1-4.

[16] Chan, KC, 2011b. 10 Effective Performance Tools for 21st Century Managers. International Journal of Professional Managers, 5（5）, pp. 1-14.

[17] Chan, KC, 2017. Olympic Innovation with T-Skills TWAN Press.

[18] Christensen, C, Eyring, H J, 2011. The Innovative University: Changing the DNA of Higher Education from the Inside Out. Jossey-Bass.

[19] Christensen, C, Raynor, M E, 2013. The Innovator's Solution. Boston: Harvard Business Review Press.

[20] Christensen, C, Duncan, D S, Dillon, K, et al, 2016. Competing Against Luck: The Story of Innovation and Customer Choice. New York: Harper Business.

[21] Clark, K, 1994. Make Projects The School for Leaders. Boston: Harvard Business Review.

[22] Collins, J, Hansen, M T, 2011. Great by Choice: Uncertainty, Chaos, and Luck- Why Some Thrive Despite Them. New York: Harper Business.

[23] Collins, J, Porras, J I, 2004. Built to Last: Successful Habits of Visionary Companies. New York: Harper Business Essential.

[24] Collins, J, 2001. Good to Great. New York: Harper Business.

[25] Covey, S, 1992. Principle-Centred Leadership. New York: Fireside Press.

[26] Covey, S, 2013. The 7 Habits of Highly Effective People: Powerful Lessons in Personal Change. Simon & Schuster, Anniversary Edition.

[27] De Bono, E, 2015. Lateral Thinking: Creativity Step by Step. New York: Harper Colophon.

[28] Drucker, P, 2006a. Effective Executive. New York: Harper Business.

[29] Drucker, P, 2006b. Innovation and Entrepreneurship. New York: Harper Business.

[30] Dyer, J, Gregersen, H, Christensen, C.M, 2011. The Innovators DNA: Mastering the Five Skills of Disruptive Innovators. Boston: Harvard Business Review Press.

[31] Earls, M, 2002. Welcome to the Creative Age: Bananas, Business and the Death of Marketing. New Jersey: Wiley.

[32] Gardner, H, 2009. The Five Minds for the Future. Boston: Harvard Business Review Press.

[33] Ghoshal, S, Bartlett, C A, 1977. The Individualized Corporation: A Fundamentally New Approach to Management. Harperbusiness.

[34] Gratton, L, 2011. The Shift: The Future of Work is Already Here, Harper Collins Business.

[35] Gratton, L, Scott, A, 2016. The 100-Year Life: Living and Working in an Age of Longevity. Bloomsbury Information Ltd.

[36] Haller, H, Edward, 2014. Intrapreneurship: Ignite Innovation. Silver Eagle Press.

[37] Hamel, G, Breen, B, 2007. The Future of Management. Boston: Harvard Business.

[38] Hamel, G, 2002. Leading the Revolution: How to Thrive in Turbulent Times by Making Innovation a Way of Life. Plume.

[39] Hamel, G, 2007. The Future of Management, Harvard Business Review Press.

[40] Hamel, G, 2012. What Really Matters Now. New Jersey: Jossey-Bass.

[41] Handy, C, 2016. The Second Curve: Thoughts on Reinventing Society. UK:Random House.

[42] Harnish, V, 2014. Scaling Up. Virginia: Gazelles, Inc.

[43] Hofstede, Geert, Hofstede Geert J, et al., 2010. Cultures and Organizations: Software of the Mind, 3rd ed. McGraw-Hill Education.

[44] Jobs, S, 2011. The Innovation Secrets of Steve Jobs. New York: McGraw-Hill.

[45] Kanter, R M, 1997. World Class: Thriving Locally in the Global Economy. New York: Simon & Schuster Kanter, R M, 2009. Super Corp: How Vanguard Companies Create Innovation, Profits, Growth, and Social Good? Crown Business.

[46] Kaplan, R S, Norton, D P, 1996. The Balanced Scorecard: Translating Strategy into Action. Boston Harvard Business Review Press.

[47] Kim, C, Mauborgne, R, 2015. Blue Ocean Strategy: How to Create Uncontested Market Space and Make the Competition Irrelevant, Updated Edition, Boston Harvard Business Review Press.

[48] Kotler, P, Kartajaya, H, Setiawan, I, 2010. Marketing 3.0: From Products to Customers to the Human Spirit. New Jersey: Wiley.

[49] Kotler, P, Kartajaya, H, Setiawan, I, 2017. Marketing 4.0: Moving fromTraditional to Digital. New Jersey: Wiley.

[50] Kotter, J, Cohen, D S, 2012. The Heart of Change. Boston: Harvard Business Review Press.

[51] Leinwan, P, Mainardi, C, 2016. Strategy That Works. Boston: Harvard Business Review Press.

[52] Lindstrom, Martin, 2017. Small Data: The Tiny Clues That Cover Huge Trends. Picador.

[53] Marquardt, M J, 2004. Optimizing the Power of Action Learning. London: Nicholas Brealey.

[54] Mathews, John A, 2006. Dragon Multinationals: New players in 21st centuryglobalization. Asian Pacific Journal of Management. 23:pp.5-27.

[55] Mezirow, J,（Editor）Taylor, Edward W,（Editor）. 2009. Transformative Learning in Practice: Insights from Community, Workplace, and Higher Education . Jossey-Bass.

[56] How to Break It Down and Get It Done. Boston: Harvard Business School Press.

[57] Morgan, Mark, Levitt, et al., 2007. Executing Your Strategy:

[58] Owen, J, 2009. The Death of Modern Management: How to Lead in the New World Disorder. Wiley Owen, J, 2015. The Mindset of Success: From Good Management to Great Leadership. London: Kogan Page.

[59] Owen, J, 2012. Management Stripped Bare: What They Don't Teach You at Business School. London:Kogan Page.

[60] Owen, Jo, 2016. Global Teams: How the best teams achieve high performance. London: FT Press.

[61] Peters, T, 1999. The Project 50 （Reinventing Work）. New York: Knopf.

[62] Pfeffer, J, Sutton, R I, 2000. The Knowing-Doing Gap: How Smart Companies Turn Knowledge into Action. Boston: Harvard Business School Press.

[63] Pine II, B J, Gilmore, J H, 2011. The Experience Economy. Boston: Harvard Business Review Press.

[64] Pink, D H, 2006. A Whole New Mind: why right-brainers will rule the future. New York: Riverhead Books Porras, J, 2007. Success Built to Last: Creating a Life that Matters. New York: Plume.

[65] Porter, Michael E, Kramer, et al., 2011. The Big Idea: Creating Shared Value. Harvard Business Review, January-February.

[66] Revans, R W, 1976. Action Learning in Hospitals. New York: McGraw-Hill Review Press.

[67] Schmitt, B, van Zutphen, G, 2012. Happy Customers Everywhere. New York: St Martin's Press.

[68] Schwab, Klaus, 2016. The Fourth Industrial Revolution. United Kingdom: Portfolio Penguin.

[69] Shaw, C, 2014. The DNA of Customer Experience: How Emotions Drive Value. London: Palgrave Macmillan.

[70] Sheth, Jagdish N, Sobel, et al., 2002. Clients for Life: from an Expert-for-Hire to an ExtraordinaryAdvisor. Free Press.

[71] Sheth, Jagdish N, Sisoda, et al., 2014. Firms of Endearment: How World-Class Companies Profit from Passion and Purpose, 2nd Edition. Pearson FT Press.

[72] Slater, R, 1998. Jack Welch & GE Way. New York: McGraw-Hill.

[73] Smith, R, 2007. The 7 Levels of Change: Different Thinking for Different Results, 3rd Edition. Tapestry Press.

[74] Stiglitz, Joseph E, 2003. Globalization and Its Discontents. W.W. Norton & Company.

[75] Stiglitz, Joseph E. 2007. Making Globalization Work. W.W. Norton & Company.

[76] Tichy, Noel M, 2007. Leadership Engine: Building Leaders at Every Level. Collins Business Essentials.

[77] Tieger, P D, Barron, B, Tieger K, 2014. Do What You are: Discover the Perfect Career for You Through the Secrets of Personality Type, 5th ed. Little, Brown and Company.

[78] Ulrich, D, 1999. Result-Based Leadership. Boston: Harvard Business Review Press.

[79] Ulrich, D, 2015. The Leadership Capital Index. Berrett-Koehler Publisher.

[80] Wheeler, Alina, 2017. Designing Brand Identity: An Essential Guide for the Whole Branding Team, 5th ed. New Jersey: Wiley.

[81] Whitehurst, J, 2015. The Open Organization: Igniting Passion and Performance. Boston: Harvard.

[82] Wills, G, 1993. Your Enterprise School of Management. Journal of Management Development. Vol. 12 Issue: 2, pp. 2-72.

致　　谢

如果没有各位奉献者不断的支持、无限的鼓励和热情，这本书是不可能完成的，特此鸣谢：

Ho Nai Choon教授PPA (P)，新加坡Arise Consulting公司的创始人，因其宏伟而新颖的想法和概念在本书中得到了优雅的阐述。

Cosmic Discovery，Budget Champ，Cosmic Polymer Sdn Bhd.的创始人陈家强博士，他对创新创业贡献了非凡见解和分享，他是一位在马来西亚经营业务的新加坡人。

国际专业管理杂志（英国）主编（Caroline Bagshaw）对本书英文版质量保证的承诺。

林伟平博士，整合终身学习研究院总经理，感谢她对中文版图书全面质量管理的奉献。

感谢我们所有的家人和亲人，他们使我们能够投入如此多的时间和精力来完成这本书。谨以此书献给所有充满激情、志同道合的人们，他们激励我们为创造更美好的社会和世界贡献自己的想法。

关于作者

❖ **陈劲教授**

清华大学经济管理学院教授，清华大学技术创新研究中心主任，《国际创新研究学报（英文）》（Scopus）主编，*InternationalJournalof Knowledge Management Studies*（Scopus and ESCI）主编，*International Journal of Innovation and Technology Management*（Scopus and ESCI）主编，*International Journal of Technology and Globalisation* 主编，《清华管理评论》执行主编，《管理》杂志执行主编，2021年和2023年被评为全球最具影响力的50大管理思想家（Thinkers50）之一。

❖ **陈家赐教授（KC Chan）**

新加坡整合终身学习研究院（Wholistic Institute of Lifelong Learning，WILL）创办人。清华大学技术创新研究中心高级研究员。

30多个国家的大学客座教授、国际商业管理顾问和企业培训师，经常在亚洲管理、领导力和创业会议上发表演讲，最新的研究方向是精益敏捷创业（重新定义为"创新"），通过©基于项目的加速行动学习（改变我们思维、工作、行为和表现方式的范式转变），帮助中小企业和跨国公司应用全方位整合式思维来实施转型战略，著有多本关于管理、领导力和创新的书籍，还发表了100多篇国际文章。